W0369727

Les lapins

André Gabery

Les lapins

races - soins - élevage

Éditions RUSTICA

En couverture : Fauve de Bourgogne
Page 4 : Géant des Flandres

Cet ouvrage, remis à jour et augmenté, a été réalisé à partir des *Lapins*, du même auteur (publié par Rustica, dans la collection La Vie en vert).

© 1992, Éditions Rustica, Paris
Dépôt légal : mars 1992
ISBN : 2-84038-003-X
N° d'éditeur : 48003

Sommaire

Avant-propos

L'élevage des lapins est à la portée de tous ceux qui, en pavillon près des grandes villes ou à la campagne, disposent d'un peu de place pour établir quelques clapiers. A petite échelle, une telle activité ne demande pas d'investissements importants ni beaucoup de temps. Bien suivie, elle est, en contrepartie, source d'économies et de nombreuses satisfactions.

Une production conduite sur une échelle plus grande exige bien sûr plus de sacrifices. Mais, bien menée, elle peut être source de revenus appréciables dans la mesure où elle connaît aujourd'hui un développement croissant. La production de chair, mais aussi de poils avec les lapins Angora, a besoin, en effet, d'une infrastructure spécifique, d'une organisation et d'un équipement adéquats.

■ *Page ci-contre : le lapin est un ami naturel des enfants.*

■ *Page précédente : Blanc de Hotot, race normande.*

Que votre élevage soit destiné à la consommation familiale, ou qu'il soit mené à des fins commerciales, il vous faut au point de départ connaître les données de bases, les exigences, les avantages et les faiblesses des animaux et, par conséquent, les races les mieux adaptées à la production dans laquelle vous voulez vous lancer.

Les Lapins a pour but de vous aider à faire ces choix. Cet ouvrage vous servira de guide pour décider de l'organisation de votre élevage : installation des clapiers et des équipements nécessaires, alimentation, mesures de protection des animaux contre les maladies et les parasites, conditions de reproduction, etc.

Il vous permettra de découvrir et de vous familiariser avec les règles d'une activité passionnante.

Généralités

Pour les zoologistes, le lapins n'est pas un rongeur. Il est anatomiquement très différent du rat (si l'on excepte une ressemblance superficielle des dentures). On le classe dans l'ordre des lagomorphes, animaux en forme de lièvre. Dans ce groupe, c'est le seul fouisseur.
Avant d'élever des lapins, il faut connaître un peu leur anatomie et surtout leur appareil digestif. Nous vous le présentons en suivant le cheminement des aliments dans l'organisme de l'animal.
L'élevage obéit à certaines règles qu'il faut respecter si vous voulez réussir dans votre entreprise.

Les origines

A l'état sauvage, le lapin est un animal sociable qui vit en colonies nombreuses, dans des terriers qui constituent des garennes.

Il est originaire des pays qui bordent la Méditerranée orientale. Avec l'aide de l'homme, il a gagné toute l'Europe jusqu'au 55e parallèle (une ligne passant par Glasgow, Copenhague et Moscou). C'est un animal aux mœurs essentiellement nocturnes. On ne peut guère le voir dans la nature qu'une heure avant la nuit.

Il se laisse apprivoiser très facilement. Il est apprécié depuis longtemps pour la qualité de sa chair, la rapidité de sa reproduction.

L'abondance de la nourriture et une relative sécurité ont favorisé une augmentation de taille et de poids de ces animaux. Aujourd'hui, on obtient des spécimens qui pèsent dix fois plus que le lapin de garenne. Le Géant des Flandres par exemple est une race très ancienne, connue en Italie depuis 1551.

En revanche, les lapins domestiques lâchés dans une contrée qui leur convient redeviennent sauvages et retrouvent leurs caractères primitifs au bout de quelques générations. Un exemple connu est celui des lapins de Porto Santo, îlot proche de l'île Madère. Des lapins domestiques y furent apportés en 1418. Redevenus sauvages, ils ont la taille d'un rat avec une coloration rouge sur le dos et grise sur le ventre. On retrouve des cas comparables à Ténériffe, à la Jamaïque et aux îles Falkland.

Le lapin est un animal sauteur chez qui l'arrière-train est prépondérant. Sa peau est extensible et ses muscles peauciers sont importants.

La tête est terminée par un museau. La lèvre supérieure fendue est très mobile (bec de lièvre) et porte de longues moustaches. La queue est très courte et relevée.

Les carottes sont parmi les meilleurs légumes pour les lapins, nourrissantes et riches en vitamines A (vitamines de croissance). De plus, leurs fanes fournissent une verdure abondante et appréciée.

L'appareil digestif

Son volume est considérable. Le lapin absorbe des matières peu digestibles et pauvres en éléments nutritifs.

Ses dents ont une croissance continue qui compense leur usure. L'estomac est simple. L'intestin grêle mesure environ trois mètres. La partie qui suit immédiatement l'estomac forme une anse qui englobe le pancréas, assez diffus.

L'intestin grêle se termine par un embranchement qui mène, d'un côté, au gros colon (gros intestin), aboutissant à l'anus, et de l'autre à un énorme cæcum.

La digestion. Les incisives détachent de petits éclats de nourriture qui sont ensuite triturés finement par les prémolaires et les molaires.

La bouillie obtenue par l'action de cette "râpe" passe dans l'estomac. Elle est brassée avec le suc gastrique. Dans l'intestin grêle, la digestion s'accomplit grâce aux sucs pancréatiques et intestinaux et à la bile. Au fur et à mesure de leur production, les substances nutritives, dissoutes ou émulsionnées, passent à travers les parois des capillaires intestinaux pour être entraînées dans la circulation. Le reste est stocké dans le cæcum. Il est soumis à l'action de bactéries qui produisent des

L'appareil digestif

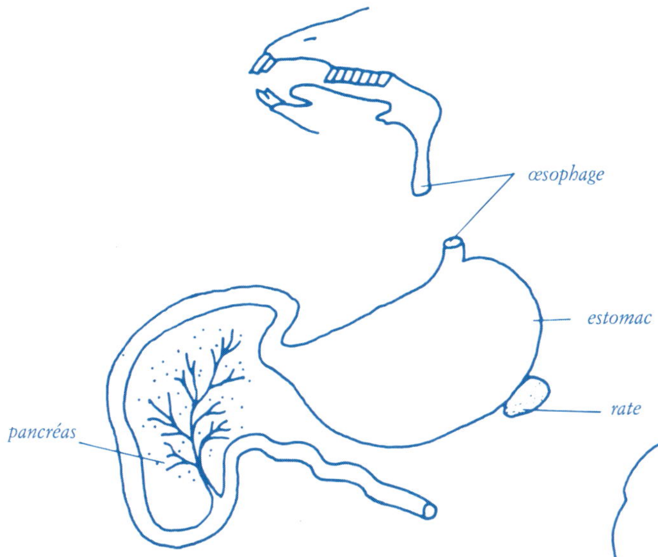

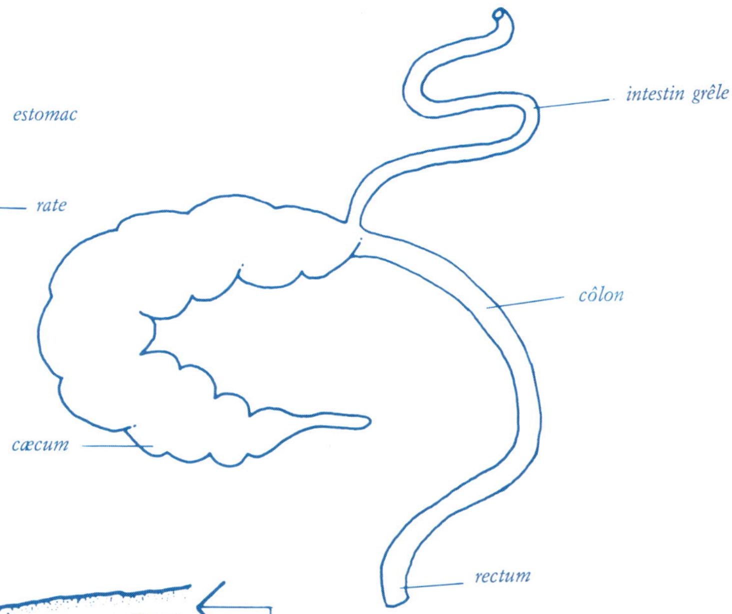

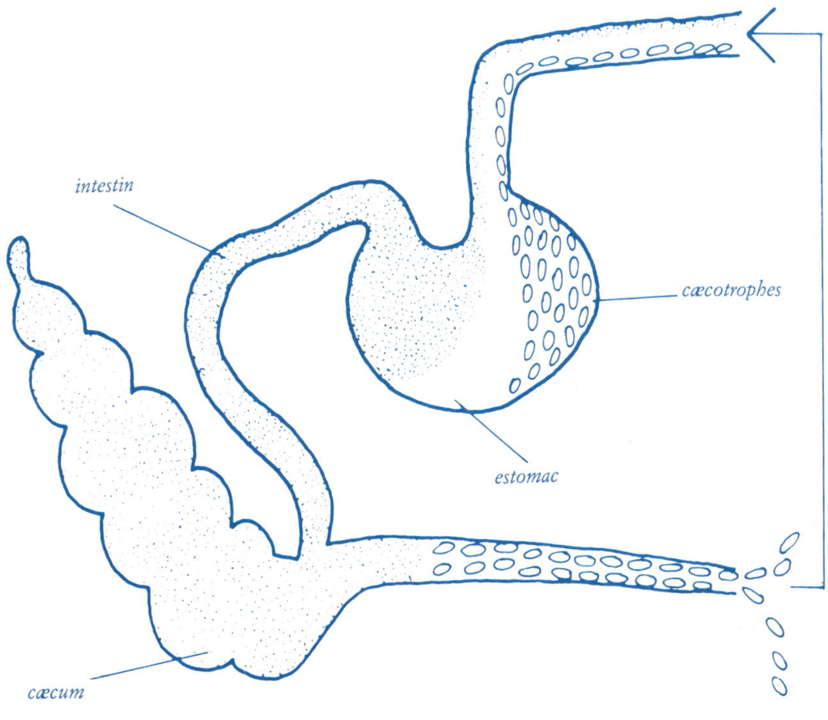

Trajet suivi par les aliments et les cæcotrophes dans le tube digestif

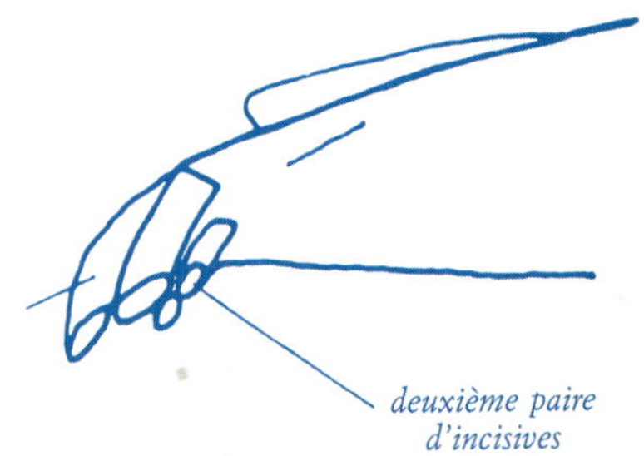

Mâchoire supérieure

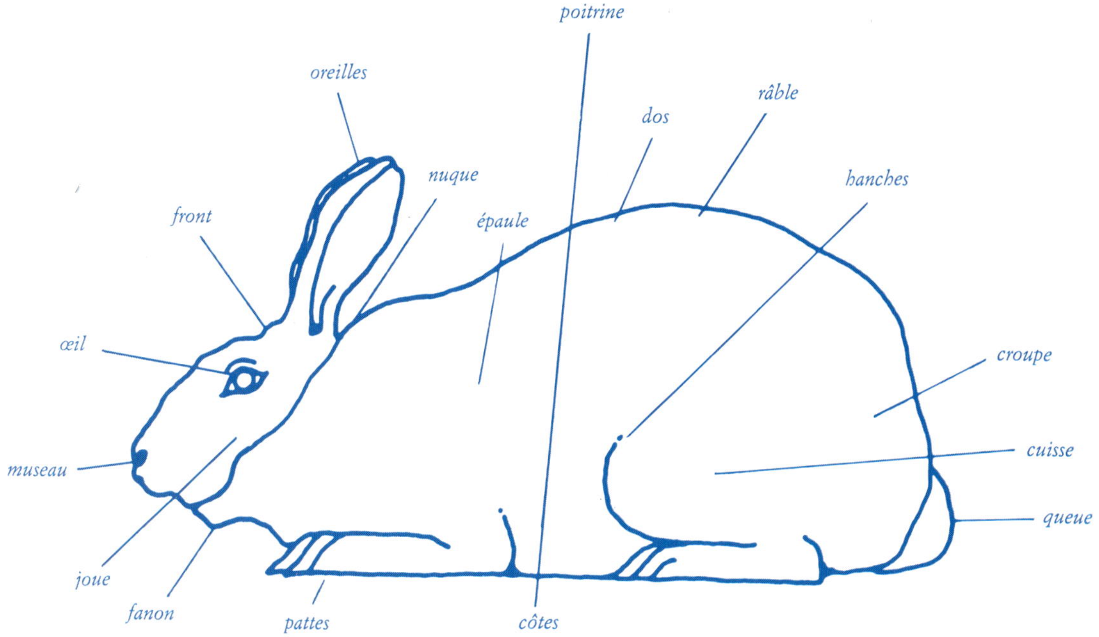

■ ***Cette silhouette d'ensemble aide à différencier les sexes. Les femelles sont plus fines que les mâles.***

vitamines B et des matières azotées nobles, achevant la digestion menée dans l'intestin grêle. Le contenu du cæcum passe dans le colon ou gros intestin, il forme de petites crottes molles, allongées et enduites de mucus.

Ce sont les cæcotrophes. Ces crottes sont sucées par le lapin à la sortie de l'anus. Elles passent dans l'estomac sans être mâchées et ne se mélangent aux autres déjections qu'au bout de quelques heures. C'est le phénomène qu'on appelait autrefois la coprophagie du lapin et qui est une pseudo-rumination. Les produits nutritifs récupérés par ce processus sont importants. Ils constituent jusqu'à 8 % du total.

Le colon fabrique des crottes dures et sèches en absorbant de l'eau et des sels minéraux. Ces déjections se trouvent surtout près des mangeoires car elles sont éliminées principalement pendant que l'animal mange.

Dans les élevages traditionnels, le lapin tire tous les éléments nutritifs de l'herbe, racines et grains qu'on lui donne. Mais on néglige trop souvent de lui procurer suffisamment à boire. L'alimentation est traitée dans un chapitre spécial (voir page 73).

S'appuyant sur le **Lévitique**, *les premiers théologiens chrétiens prêtèrent au lapin les pires extravagances anatomiques. Ainsi le mâle portait les petits et participait des deux sexes, ils étaient "superfécondant", c'est-à-dire qu'ils concevaient des petits pendant leur gestation et avaient chaque année un nouvel orifice anal.*

Les règles d'un bon élevage

Pour réussir un élevage de lapins, vous devez respecter plusieurs conditions :
— un habitat aéré, éclairé le mieux possible dans les cellules des femelles, thermiquement bien isolé, ou même chauffé en hiver ;

— un abreuvement propre, régulier et abondant ;
— une alimentation équilibrée et rationnée. Si vous n'utilisez pas d'aliment complet, veillez à ne jamais laisser dans les râteliers la nourriture de la veille. Ne mettez jamais dans les mangeoires plusieurs sortes de grains à la fois ;
— une propreté parfaite dans les mangeoires et les boîtes à nids ;
— un éclairement maximal pour les mères, un éclairement minimal pour les jeunes à l'engraissement ;
— une tranquillité parfaite pour tous les animaux.

Vous devez en outre :
— tenir un cahier-journal. Chaque opération effectuée dans l'élevage est notée, au jour le jour ;
— tenir pour chaque femelle une fiche individuelle où figurent la race, la date de naissance, l'origine. Vous y notez les dates de saillies, le nombre des petits nés, le nombre des petits sevrés, leur poids au sevrage ;
— tenir pour chaque mâle une fiche où vous notez la date de saillie, le numéro de la femelle, le nombre de petits.

Les maisons d'aliments offrent à leurs clients de telles fiches. Ces documents vous permettront de comparer les résultats de chaque reproducteur et d'opérer une sélection.

Pour les lapereaux, vous établirez une fiche collective par portée, portant le nombre d'animaux sevrés, avec leur poids ; le nombre d'animaux vendus à 90 jours, avec leur poids ; vous noterez aussi la consommation d'aliments.

L'étude de tous ces documents vous permettra de calculer le prix de revient de chaque lapin produit.

■ *Ici, l'éleveur a imaginé un parcours naturel avec terriers pour ses lapins.*

Les races

Avec les 45 races recensées par la Fédération française de cuniculiculture, les amateurs de lapins ont toutes les raisons de se réjouir de cette diversité. Depuis les lapins nains jusqu'aux races légères, les géants du clapier aux Angoras pileux, l'éleveur, à la recherche d'animaux de rapport ou simplement d'ornement, saura satisfaire sa curiosité. A ce patrimoine cuniculicole forgé depuis un siècle par quatre générations d'amateurs, il convient d'ajouter le grand nombre de variétés liées à la diversité des fourrures. C'est pourquoi nous vous proposons une sélection de lapins les plus représentatifs, et peut-être les plus familiers, des basses-cours d'aujourd'hui. Que vous soyez en quête d'un élevage de rapport à dimension familiale ou d'un animal d'agrément, notre galerie de "portraits" apporte la preuve que l'élevage de lapins peut être source de joie et faire naître, pourquoi pas, de nouvelles vocations cuniculicoles.

Races géantes

Géant des Flandres

C'est un lapin à fourrure courte et dense. Sa couleur est le plus souvent gris-lièvre mais on connaît des noirs et des fauves. Les oreilles sont velues et droites ; elles ont les extrémités en forme de cuillère.

Le fanon est plat, il n'existe pas chez le mâle. Le poids du mâle peut atteindre 7 kg, celui de la femelle 8 kg.

Géant du Bouscat

Chez ce lapin, la dépigmentation est totale, les ongles apparaissent blanc rosé. La fourrure constituée de poils de 30 mm de long est d'un blanc de neige.

L'animal, caractérisé par la robustesse des masses musculaires sur un squelette assez fin, présente un aspect vigoureux.

A l'état adulte, la tête est plus large chez le mâle que chez la femelle. Les oreilles sont robustes et velues et s'écartent en V à leur extrémité. On croise souvent le Bouscat avec le Néo-Zélandais et le Grand Russe.

Le poids est de 6 kg pour le mâle et de 6,5 kg pour la femelle.

■ *Page ci-contre : Géant des Flandres, hercule des clapiers.*

■ *Pages suivantes : Argenté de Champagne.*

■ *Ci-contre : le Blanc de Bouscat a des Argentés de Champagne et des Géants des Flandres parmi ses ancêtres.*

Géant Papillon Français

C'est le moins grand des géants ! On l'appelle Papillon parce que la marque du nez, entièrement pigmentée vue de face, suggère un papillon aux ailes ouvertes. Le fond du pelage est blanc, les ongles blanc rosé. Les taches sont disposées sur le nez, le tour des yeux, sur chaque joue (un point au-dessous de l'œil).

Les oreilles sont entièrement colorées. Il présente une raie colorée sur le dos et quelques taches sur l'arrière-train. Le fanon n'existe que chez la femelle.

Argenté de Champagne

C'est un très beau lapin dont la couleur générale bleu ardoise clair est argentée de poils de jarre à l'extrémité blanche. Les ongles sont noirs. L'aspect général du corps est massif, la musculature est très développée, d'où une carcasse à fort rendement.

Les oreilles sont très droites et robustes. Les yeux ont un iris brun. Le fanon n'existe que chez la femelle.

L'Argenté de Champagne est une race très séduisante en élevage familial ; son poids atteint 5 kg.

Néo-Zélandais

C'est le type même du lapin producteur de viande. Le corps est large, ramassé, et la

tête large semble prolonger directement le corps ; le cou est très court.

La dépigmentation est totale, les yeux sont donc roses. Les pattes de devant sont droites et assez courtes.

Le poids de l'animal ne dépasse guère 4,5 kg.

Cette race supporte très bien la vie sur grillage et entre dans la plupart des croisements industriels. Souvent croisé avec le Fauve de Bourgogne, il donne des sujets de couleur noire et à croissance rapide.

■ *Page ci-contre : Papillon géant, lapin recherché pour sa beauté.*

Grand Russe

Il est assez peu répandu. C'est un lapin arrondi et massif, avec un très bon rendement de carcasse. Son nez, ses oreilles, ses pattes et sa queue sont noirs. La fourrure est blanc d'hermine, très fournie, très serrée et assez courte. Le fanon n'existe que chez la femelle. Élevé en race pure, le Grand Russe donne beaucoup de satisfactions par sa fécondité. Son poids atteint rarement 5 kg.

Fauve de Bourgogne

C'est un lapin trapu et massif. Ses oreilles sont droites et serrées à la base. Ses yeux sont marron et largement ouverts. Le fanon n'existe que chez la femelle. La couleur est fauve foncé, uniforme et vraiment belle. Les ongles sont marron. Cette race est rustique, et les connaisseurs disent que sa viande est la meilleure de toutes. Son poids peut atteindre 5 kg. Nous avons trouvé dans cette race des femelles qui avaient le coup de dents facile lors des manipulations !

Bleu de Vienne

Son nom, sa couleur, sa fourrure sont les principales facettes de la séduction de ce lapin de race qui nous vient d'Autriche, dont Vienne est la capitale. Les éleveurs locaux ont voulu obtenir un animal de taille moyenne, au corps potelé et au râble épais. Ces caractéristiques, auxquelles il convient d'ajouter une musculature compacte, un avant-train développé, une ossature forte, une tête large avec des oreilles bien droites et robustes et des yeux gris-bleu foncé, seraient l'héritage d'une ascendance avec les lapins dits Géants. Notez aussi que le fanon n'existe que chez la femelle. Au total, le Bleu de Vienne se situe entre 4,5 kg et 5 kg, un

■ *Ci-contre : le Fauve de Bourgogne est l'un des plus populaires de nos lapins de terroir.*

■ *Pages suivantes : Fauve de Bourgogne ; Bleu de Vienne ; Bélier français.*

bon poids pour une race légère. Outre cette performance, l'amateur recherche avant tout la couleur bleu ardoise foncé de la fourrure ; cette tonalité vraiment chaude s'étend sur tout le corps, quoique le ventre et le dessus de la queue soient plus mats.

Le Bleu de Vienne a une chair excellente, mais il est moins prolifique que le Fauve de Bourgogne et s'adapte assez mal au plancher en grillage.

Bélier Français

Classé parmi les grandes races, ce Bélier se distingue avant tout par ses oreilles retombantes, mesurant entre 38 et 45 cm. N'allez pas voir dans cette particularité un défaut physique, mais tout au plus le témoignage d'une sélection attentive, conduite depuis le début du siècle. Le créateur, nommé Cordonnier, a en outre obtenu un lapin au corps ramassé, musclé, dont on souligne volontiers le râble épais et les cuisses rebondies. Les variétés les plus répandues chez cette race sont le gris de fer ou le blanc ; la couleur fauve a aussi ses partisans.

Races moyennes

Blanc de Hotot

Les yeux soulignés de noir du Blanc de Hotot donnent à ce lapin un charme curieux. Créé voilà des années par une éleveuse normande, il reste peu fréquent dans les clapiers malgré un standard qui devrait lui conférer bien des faveurs.

Ce lapin a un corps robuste et bien arrondi, à la musculature compacte sur une ossature moyenne. Le râble est épais, les cuisses bien remplies, soit au total un poids moyen de 4 kg et un maximum de 5 kg. Vous remarquerez sa fourrure blanche à la fois dense et d'un beau brillant.

■ *Ci-contre : une éleveuse est à l'origine du Blanc de Hotot, une race encore peu répandue.*

■ *Page ci-contre : le Bélier Français est l'héritier original de grands lapins régionaux.*

La tête doit être assez forte chez le mâle et plus fine chez la femelle. Les oreilles velues et robustes sont portées droites et ont une longueur proportionnelle à la taille de l'animal, mais n'excédant jamais 13 cm. Important chez ce lapin : paupières, cils noirâtres et une ligne noire très particulière autour de chaque œil.

Lièvre Belge

Le patronyme de cette race suffirait à le définir aux yeux des amateurs ; en effet, il vaut mieux que les signes particuliers attribués par un standard, aussi précis soit-il.

Sa silhouette de champion prêt à bondir, sa poitrine haute, son arrière-train arrondi, expliquent l'engouement pour cette race issue

■ *Pages suivantes : Blanc de Hotot ; Lièvre Belge ; Californien.*

de croisement entre lièvres anglais et lapins belges. Vous le reconnaîtrez aisément à sa silhouette de pur-sang, portée par un corps long et élancé correspondant à une musculature compacte. L'avant-train, avec la poitrine et les épaules, est porté haut ; coureur hors pair, ses cuisses sont assez développées. Mais il affiche un poids plume, entre 3,7 kg et 4,2 kg.

Le Lièvre Belge séduit aussi beaucoup par sa fourrure serrée, d'un roux foncé et intense, qui lui donne le caractère d'un lapin sauvage.

■ *Page ci-contre : Chamois de Thuringe, un lapin d'origine allemande.*

■ *Pages suivantes : Gris du Bourbonnais, un lapin de chair et de fourrure.*

Californien

Encore peu répandu, ce lapin de race moyenne a une jeune histoire. Elle puise dans ses origines américaines que révèle son nom.

En fait, le Californien doit son inscription dans la liste officielle des standards de lapin à la réussite de ses obtenteurs. Ainsi, sa fourrure blanche indique un caractère Néo-Zélandais ; ses oreilles noires traduisent son ascendance Russe ; enfin ses origines Chinchilla se retrouvent dans la densité du pelage.

Mais le Californien a développé un standard original dont les principaux traits sont un corps massif, une silhouette charnue, un râble épais, une croupe large et des cuisses arrondies. Aussi, son poids n'étonne guère dans sa catégorie, soit 4 à 5 kg. Enfin, le corps doit être uniformément blanc avec des extrémités (oreilles, queue, nez, etc.) foncées.

Les Rex sont des lapins dont la fourrure est homogène, à implantation droite, d'où son aspect velouté séduisant. La hauteur des poils (jarre, bourre) est égale et ne dépasse pas 20 mm. L'animal présente un aspect général gracieux et vigoureux.

■ *Ci-dessous : le Rex tricolore, obtenu par des croisements successifs, reste une rareté.*

Chamois de Thuringe

Voici un lapin fort prisé en Lorraine et en Alsace, principales régions cuniculicoles françaises. originaire d'Allemagne, le Chamois de Thuringe conquiert, depuis un siècle, toujours de nouveaux clapiers. Doit-il ce succès à sa beauté ? Pas vraiment, mais son physique musclé, sa fourrure ocre, constituent une carte de visite suffisante. Avec son corps trapu, sa tête courte et forte, son avant-train puissamment développé, ce lapin semble fait pour courir un marathon à travers une campagne automnale...

Son standard lui attribue un poids minimal de 2,5 kg et un maximum de 4,250 kg. Ses yeux brillants et vifs, expressifs presque, peuvent compléter le portrait d'un lapin qui mérite d'être mieux connu.

Gris du Bourbonnais

Issu de croisements effectués à partir de lapins communs gris régionaux, le Gris du Bourbonnais a acquis ses lettres de noblesse grâce à un éleveur, P. Chaponnaud, qui a su imposer un lapin original, digne de figurer dans les plus grandes expositions cuniculicoles. Il suffit, pour s'en convaincre, de s'attarder sur

sa silhouette ramassée que soulignent un râble épais, une croupe arrondie et des cuisses charnues. Détails recherchés par les éleveurs : la tête légèrement busquée, les oreilles bien serrées à la base. Mais le Gris du Bourbonnais doit une partie de sa notoriété à sa fourrure courte et serrée. Son aspect lustré, sa couleur grise, soutenue par une sous-couleur bleu ardoise, lui ont ouvert une nouvelle carrière, qui reste encore trop timide.

■ *Page ci-contre : le Normand, issu de lapins régionaux, n'a pas rencontré son public. Dommage !*

Normand

Ce spécimen, aux nombreuses ascendances grises d'animaux de nos provinces, pourrait être l'archétype des lapins de nos clapiers. Sa couleur, dite gris garenne, sa silhouette compacte, la large tête du mâle, son poids même (de 3 kg à 4,5 kg), confèrent à cette race normande une familiarité pourtant peu réalisée dans les faits.

Retenez parmi ses caractéristiques : son râble épais, sa nuque forte et haute, sa poitrine pleine et son arrière-train bien rond. Les quelques éleveurs, qui tentent de maintenir ce lapin de terroir, recherchent une fourrure serrée et courte, des oreilles droites et effilées (entre 10 et 12 cm), enfin sa couleur gris garenne, soulignée d'un liseré noir aux oreilles, et la teinte blanchâtre du ventre.

■ *Pages suivantes : le Rex Castor doit sa réputation à sa fourrure.*

Mis au point et affiné au fil des ans par les membres éminents de la Fédération française de cuniculiculture, le standard constitue un ensemble de critères décrits avec précision (aspect, fourrure, couleur, poids, etc.). Ces descriptions sont autant de références pour juger les animaux pendant les expositions avicoles. L'amateur, en quête de récompenses et attaché à l'élevage d'une ou plusieurs races, cherche donc à obtenir des lapins aussi conformes que possible à leur standard.
C'est au début du siècle que furent publiées les premières monographies ; depuis, chaque standard constitue une véritable mémoire pour l'histoire et l'avenir d'une race cuniculicole.

Rex Castor

Serait-il le roi de la cuniculiculture ? Recherché pour sa fourrure, mais aussi pour son gabarit, ce lapin a une histoire étonnante. Passionné de croisements, un abbé allait "sortir" l'ancêtre commun de tous les Rex, à savoir le Castorrex, appelé aussi Rex Castor.

Ce lapin doit cette appellation singulière à sa fourrure très dense, veloutée au toucher, comme celle des derniers castors de nos rivières. Puis les amateurs, surtout de l'est de la France, comme André Wiltzer, longtemps président de la S.C.A.F., développèrent les Rex de couleur, tels le Chinchilla, le Fauve, le Bleu, etc.

Au total, ce Rex, comme tous ces cousins, présente une musculature compacte, un corps équilibré dégageant une impression de vigueur. Retenez que son poids idéal est de 4,750 kg et que sa couleur, d'un brun marron chaud, fait songer à la coque lustrée d'une châtaigne claire.

Races légères

Argenté Anglais Crème

Avec un maximum de 3 kg, cette race très appréciée par les éleveurs de l'est de la France nous vient d'Angleterre. C'est un lapin au corps court et trapu, à la musculature compacte et à la tête assez forte. Les amateurs, attachés au standard, recherchent les animaux aux oreilles velues, relativement courtes (environ 9 cm), aux yeux brillants et légèrement proéminents.

Outre ces particularités physiques, ils s'efforcent d'obtenir un lapin à la fourrure

courte, élastique au toucher et surtout d'une couleur argentée ; cette argenture provient de la dépigmentation, plus ou moins étendue, d'un certain nombre de pointes de poils. A cette teinte fondamentale, commune à tous les Argentés, s'ajoute des sous-couleurs, tel le crème.

Brun-Marron de Lorraine

On doit cette race légère à un éleveur lorrain, C. Kauffmann, qui a su marier les principales caractéristiques du lapin de Garenne et du Noir et Feu. Résultat, vous avez sous les yeux un animal à la musculature compacte que souligne la croupe arrondie. Mais il n'affiche pas plus de 2,5 kg.

La fourrure courte et dense prend une belle teinte brun-marron qui part de la tête pour recouvrir le manteau et même les pattes. Les éleveurs, attentifs au standard défini par la Fédération française de cuniculiculture, recherchent la sous-couleur bleutée que l'on retrouve sur la surface intérieure des oreilles, finement bordées de noir.

Chinchilla

Ne confondez pas ce lapin d'ornement avec l'animal du même nom, élevé exclusivement pour sa fourrure. Mais cet emprunt, voulu par son créateur français, ne doit rien au hasard. En effet, obtenu à partir de croisements où l'on rencontre le Garenne, le Russe et Bleu de Beveren, le Chinchilla porte une fourrure dense et souple, au gris cendré lumineux. Un reflet bleuté est même exigé par le standard de la race, qui souligne aussi l'importance du chenillé noirâtre, en particulier sur le dos.

Ce charmant lapin à l'iris des yeux brun foncé, au dessous du ventre blanchâtre, pèse au maximum 3 kg. Le poids est soutenu par un corps court et ramassé, un râble épais et une croupe pleine.

■ *Page ci-contre : cet Argenté Anglais Crème est une nouveauté des récentes expositions d'aviculture.*

■ *Pages suivantes : Brun-Marron de Lorraine ; Chinchilla ; Feu Havane.*

Préférez les choux verts aux choux pommés : ils ont une valeur nutritive plus grande. Mais ils donnent une odeur très forte à l'urine et par conséquent au fumier, car ils présentent une forte teneur en soufre.

Fée de Marbourg

Quel joli nom pour un lapin ! Et c'est une appellation méritée, quand on voit cette race légère, à la douce fourrure souple et d'une belle couleur bleu-gris clair. mais revenons à ses origines germaniques, puisque le Fée de Marbourg est issu de croisements effectués par les éleveurs allemands et qui trouvent leur ascendance chez le Havane.

Ces derniers ont obtenu ce lapin, pesant entre 2,250 kg et 3,350 kg, au corps légèrement trapu, à la silhouette arrondie, à la croupe pleine et arrondie. Autres signes recherchés : les oreilles velues, la tête forte du mâle, les yeux bien ouverts et brillants. Enfin, le Fée de Marbourg doit surtout sa réputation à ses poils fins et à sa couleur uniformément grise, même si le dessous du corps reste plus mat. Remarquez pour finir l'iris des yeux d'un beau gris bleuté.

Feu Havane

Sa couleur brune, son port trapu, vous feront penser à une silhouette familière de nos campagnes, celle du lapin de Garenne.

D'ailleurs, nul doute que ses plus proches ancêtres, venus d'Angleterre, ont eu le loisir de se forger un vrai physique de coureur endurant à travers les bocages d'outre-Manche.

Les lapines les meilleures ne sont pas toujours les plus belles. Une lapine à l'air un peu malingre et qui boîtait a donné consécutivement une portée de 11, une de 13 et une de 17 lapereaux dont elle en éleva 14. C'était une croisée Géant du Bouscat par Néo-Zélandais.

■ *Ci-contre : le Feu Havane se distingue à sa poitrine à la nuance rousse, d'où son nom.*

De cette lignée, les premiers éleveurs de la race ont conservé le corps court, la tête forte du mâle, les yeux ouverts et les épaules fortement attachées.

Mais le standard fixe également un poids, critère de choix pour un éventuel acheteur : 2 à 3 kg, soit celui d'une race dite légère. On recherche en fait le Feu Havane pour son pelage composé de deux couleurs : le feu, synonyme du brun clair, qui cercle les yeux, ourle les narines et les oreilles et couvre également son ventre ; la couleur havane, ressemblant à un brun foncé, fait à l'animal un manteau lui recouvrant la tête, le dessus des pattes et de la queue.

■ *Page ci-contre : le Fée de Marbourg compte des Havanes dans son arbre généalogique.*

Sablé des Vosges

On doit ce joli lapin à un éleveur vosgien, A. Fritsch, d'où son nom. Saluons ici le travail anonyme de ce créateur qui a obtenu ce "cocktail" cunicole à partir de lapins Zibeline, Chamois et Angora. Son résultat séduit, surtout grâce à la couleur café au lait de sa fourrure dense et assez longue ; remarquez son caractère lustré tandis que les extrémités du corps (tête, oreilles, pattes et queue) sont plus foncées.

Avec un poids idéal de 3 kg environ et un corps ramassé, le Sablé des Vosges mérite bien de figurer parmi les races légères. Une musculature compacte jusque dans l'avant-train rempli et l'arrière-train arrondi, confère, en priorité, à ce lapin une vocation d'animal d'ornement.

■ *Pages suivantes : Sablé des Vosges ; Satin Ivoire ; Hollandais.*

Satin Ivoire

Cette race occupe une place particulière parmi toutes les races de lapins. Le fait qu'elle soit peu répandue et que son origine soit américaine suffiraient à attirer l'attention. Pourtant, le Satin Ivoire doit son homologation, et même son nom, à sa fourrure à l'éclat et au soyeux exceptionnels. Ce brillant satiné provient des poils de couverture tandis qu'une certaine dépigmentation du pelage contribue à la nuance ivoire de ce lapin.

Pour le reste, le Satin est plutôt de taille légère, son poids idéal est de 3 kg-3,5 kg. Sa musculature est compacte, son avant-train bien soudé, et ses yeux sont bien ouverts. Le standard, par ailleurs, énumère différentes

L'élevage de lapins de race pure peut donner d'excellents résultats à tout point de vue. Il a l'avantage de faciliter le renouvellement des reproducteurs. En effet, pour renouveler les mères il suffit de prendre dans une portée nombreuse, issue de mère constamment prolifique, les femelles les plus lourdes et de les élever jusqu'à l'état adulte. Si l'on craint la consanguinité, on se procurera un mâle d'une autre lignée que leur père.

pigmentations, mais la teinte ivoire ressort avant tout sur tous les pelages blancs.

Hollandais

Dans les races légères, le Hollandais se remarque par sa joliesse, elle-même conséquence de sa fourrure panachée. Une partie du corps est blanche tandis que les oreilles, les manchettes (extrémités des pattes postérieures) et la moitié du corps restent noires. Ajoutons à ce descriptif un corps court et trapu, des oreilles serrées l'une contre l'autre et un poids de 2,7 kg ; bref, le Hollandais occupe une place enviable parmi les lapins décoratifs.

Petites races

Petit Russe

Il a le même aspect général que le Grand Russe bien qu'il n'ait pas la même origine. Les oreilles sont courtes, très droites et restent serrées l'une contre l'autre. Le fanon est absent chez les deux sexes. Le poids est environ de 2 kg à l'état adulte.

Ce lapin à la fourrure fine et soyeuse est quelquefois élevé en appartement. Certains prétendent l'avoir croisé avec le lapin de Garenne dont il améliore la taille.

■ *Ci-contre : petit lapin blanc, le Polonais, a les faveurs des enfants.*

■ *Page ci-contre : le Petit Russe, malgré son nom, nous vient d'Angleterre.*

■ *Pages suivantes : Polonais.*

Polonais

C'est un très petit lapin blanc, tout en rondeurs, avec des petites oreilles droites. Les yeux sont roses ou bleus suivant la variété. Le fanon est absent chez le mâle comme chez la femelle. Le poids de cet animal fort sympathique ne dépasse pas 1,5 kg.

Nain Lion

De tous les lapins nains, le Nain Lion est sans doute le plus original. Il se remarque aisément à sa fourrure en crinière, qui fait songer à quelque Angora décoiffé. Mais, sur une balance, ce lapin très peu répandu affiche tout juste 1 kg, comme la plupart des races naines reconnues. Pour l'heure, le Nain Lion n'a pas reçu l'onction de la Fédération française de cuniculiculture, signe d'une obtention récente qui demande à être

■ *Ci-dessus : côte à côte, un Géant des Flandres et un Bélier nain : une cohabitation originale et paisible.*

■ *Page ci-contre : Lion noir, un vrai lapin fantaisie.*

confirmée devant des juges officiels. Retenez cependant qu'il est issu de lapin Lion à la fourrure marron, aux oreilles velues et à la silhouette potelée.

Rex Nain

Déjà riche de nombreuses couleurs qui sont autant de variétés, la famille Rex s'est enrichie voilà plusieurs années de ce Nain. Corps court et trapu, oreilles serrées, tête légèrement busquée, cette race porte tous les attributs des lapins nanifiés. En effet, la nanification d'espèces fort prisées par les éleveurs doit se faire sans perte de caractères majeurs relevés par un standard.

Dans le cas du Rex Nain, il importe beaucoup de lui conserver sa fourrure serrée, veloutée, caractéristiques correspondant à un nanisme généralisé du système pileux. Le poids restera inférieur à 1,5 kg.

Ces objectifs atteints, le Rex Nain peut endosser toutes les couleurs que l'on peut rencontrer dans la race : chinchilla, loutre, chamois, fauve, bleu, dalmatien, blanc, etc.

Voici, selon les langues, différents noms portés par le lapin. Arabe : kounia, berbère : akni, latin : cuniculus, français du Nord : conin, français du Midi : conil, espagnol : conejo, allemand : kaninchen. La succession des sons K et N indique une origine commune.

Le logement

Il faut assurer confort et hygiène aux hôtes du clapier. Pensez donc à offrir aux femelles la tranquillité qui leur est nécessaire, une température ambiante comprise entre 14 et 18 °C, une bonne aération, sans courant d'air.

Les mâles n'ont pas besoin d'une température élevée : vous leur réserverez le coin le plus frais. Une bonne température et un calme absolu sont propices à une croissance rapide des jeunes.

Pour le clapier, vous avez le choix entre le ciment et le bois. Ce dernier vous permettra de réaliser vous-même ces constructions plus facilement et plus rapidement.

Dans le plus mauvais des cas, les cages en ciment sont en plein air. Orientez-les en tournant le dos au nord-ouest, d'où viennent les vents chargés de pluie. Le lapin n'aime pas les grandes chaleurs. Construisez un toit, débordant de 1,20 m sur la face antérieure des cages. Vous obtiendrez de l'ombre sur les portes et serez à l'abri pendant votre travail. Dans certains élevages semi-intensifs, on installe les cages en deux rangées parallèles, avec un intervalle de 1,20 m. On construit des murs avec des balles de paille sur la face postérieure des cages. On dispose sur l'ensemble un toit, avec un faux grenier, rempli de paille ou garni avec du polystyrène expansé. Les extrémités du bâtiment sont équipées de panneaux mobiles, en matière plastique.

Ce genre de logement n'est pas très esthétique, mais il a le mérite d'être isotherme et très bon marché. Si vous disposez de locaux en dur, il sera sage de séparer le local des mères de celui des jeunes.

L'hygiène

Si vous choisissez des cages de grillage sur un seul étage, les excréments tombent directement sur le sol. Prévoyez une pente et un caniveau pour l'évacuation de l'urine. Les murs doivent être lisses pour que la désinfection soit effective. Les rats dérangent les

■ *Ces Fauves de Bourgogne vivront heureux, à condition de leur éviter tout courant d'air.*

lapines, souillent les aliments et les détruisent : aussi dératisez périodiquement.

Les mouches transmettent, avec les moustiques, toutes sortes de maladies. Attachez beaucoup d'importance à leur destruction.

Les clapiers

En 1600, Olivier de Serres parle des clapiers pour l'élevage des lapins. Ils étaient constitués d'amas de pierres disposées de façon à ménager plusieurs loges centrales, communiquant avec l'extérieur par de petits tunnels faciles à obstruer. Les lapins y trouvaient un abri contre les prédateurs. Le propriétaire, pour prélever les bêtes dont il avait besoin, obturait les orifices : en soulevant les pierres du sommet, il faisait son choix parmi les animaux mis à découvert. Le cheptel broutait comme les lapins sauvages, autour de sa garenne. De tels clapiers existent encore dans le Périgord, mais on ne sait s'ils sont habités. On assure qu'ils servaient encore avant l'apparition de la myxomatose.

Cages en ciment. C'est le type de clapier le plus répandu dans l'élevage familial. La cage en ciment n'est pas chère et dure longtemps. Moyennant certains aménagements, ces cages sont acceptables. Elles doivent être à l'abri des grandes chaleurs et du froid. Les mangeoires et les abreuvoirs en ciment que l'on pose sur le sol du clapier sont à proscrire : les aliments et l'eau y sont toujours souillés.

Installez plutôt contre le grillage de la porte une mangeoire ou une trémie extérieure et un abreuvoir solidement attaché (pot à confiture, par exemple).

La litière devra être très épaisse, pour rester sèche ; sinon, vous la remplacerez par un caillebotis de bois amovible.

■ *Ce clapier en ciment mérite d'être entretenu et surtout protégé en hiver.*

On voit souvent des cages en ciment exposées en plein vent. Dans ces conditions, il n'est pas étonnant que chaque mère n'élève que deux ou trois portées par an : en hiver, le froid tue les nichées ; en été, la chaleur empêche la reproduction. En toutes périodes, les animaux peuvent mourir de soif.

Pour réussir votre élevage, disposez les cages dans un local aéré mais sans courant d'air, et tranquille. En prenant la précaution d'utiliser une boîte à nids, les pertes de jeunes ou l'abandon des portées par la mère restent très limités.

Cages en bois. Elles sont préférables aux cages en ciment. D'abord vous pouvez les confectionner vous-même aux mesures nécessaires. De plus, le bois est un matériau isotherme. Par ailleurs, il peut être, comme le métal et le ciment, stérilisé à la lampe à souder ou aux liquides antiseptiques.

Le clapier familial

Pour le seul approvisionnement de la famille, un clapier composé de quatre cages de mères, une cage de mâle et quatre cages d'engraissement est largement suffisant.

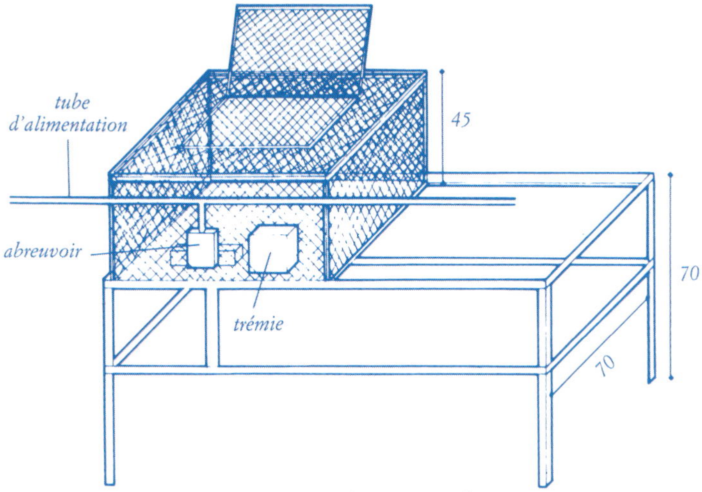

Bâti en cornière pour deux cages de mère

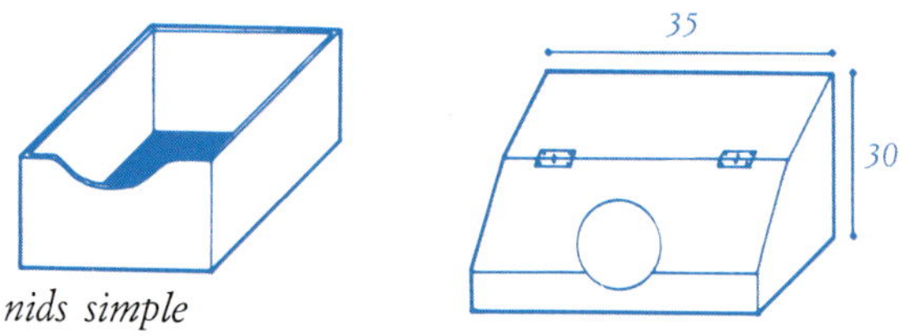

Boîte à nids simple
(à droite, avec couvercle articulé)

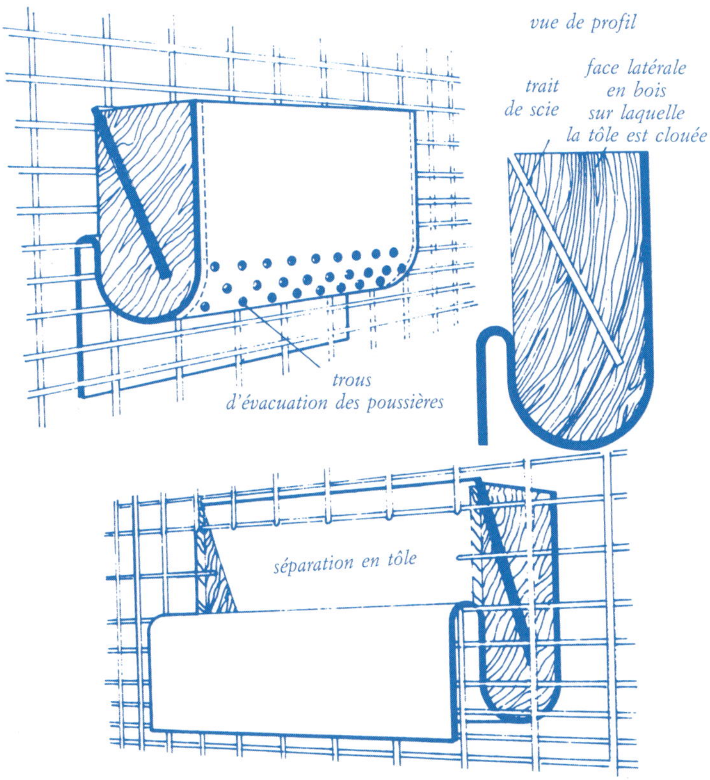

Mangeoire à fabriquer soi-même

Cage de mères. Il est avantageux de construire un ensemble de deux cages, séparées par un râtelier à fourrage. Construisez en bois les montants, le dessus, la face arrière et les côtés. Le fond sera en amiante-ciment épais légèrement incliné vers l'arrière. Dans chaque cage, un caillebotis amovible reposera sur l'amiante-ciment. Ce système demande un nettoyage quasi journalier. On peut lui préférer la litière profonde, changée tous les huit jours. Pour chaque cage, une porte en grillage solide occupe toute la face antérieure. Contre elle, on dispose la trémie et l'abreuvoir.

Cage du mâle. Construisez-la sur le même modèle que la cage des mères, mais en un seul corps.

Cage d'engraissement. Elle doit avoir des dimensions plus grandes que celle des mères. Comptez, pour 15 lapereaux, une cage de 150 cm de long pour 70 cm de large et 50 cm de haut.

Dans le commerce (coopératives agricoles ou magasins spécialisés), vous pouvez vous procurer des matériaux pour fabriquer des cages tout en grillage. Elles présentent l'avantage de pouvoir être facilement désinfectées à la lampe à souder. Elles permettent un contrôle facile des pensionnaires qui restent toujours au sec. Ce type d'installation doit se faire dans un local aéré, au sol cimenté et aux murs lisses. L'enlèvement des déjections nécessite dix minutes par jour. Les odeurs sont supprimées si on dépose, sous les cages, de la sciure de bois pour absorber l'urine.

Pour les parois et le dessous, utilisez un grillage à mailles carrées, de 2 cm de côté, en fil galvanisé et soudé de 1,8 mm. Pour le fond, vous avez le choix entre un grillage rectangulaire, 25 mm × 12,5 mm en fil de 1,8 mm, et des plaques prédécoupées, 75 mm ×

■ *Cage spéciale et litière pour lapins nains au contact desquels un enfant peut développer une vie relationnelle intense.*

12,5 mm, épaisses de 2,4 mm. Leurs dimensions peuvent être de 46 cm × 92 cm ou 50 cm × 100 cm.

Les cages reposant sur un bâti en bois ou en fer (cornière), il est nécessaire que leurs dimensions soient rigoureusement calculées en fonction de la structure de soutien.

Aussi est-il avantageux de faire une caisse en bois qui servira de gabarit pour la fabrication des parois. La bande de grillage sera appliquée dessus, de façon à pouvoir conformer les angles au maillet (et une cale interposée). Les différentes parties de la cage seront assemblées avec des agrafes fixées à l'aide d'une pince spéciale.

Au montage, disposez la plaque du fond de façon que le côté qui porte le plus grand nombre de fils soit tourné vers l'intérieur.

Ces cages peuvent cependant présenter un inconvénient dans certains cas : les races lourdes, ainsi que certaines souches de races moyennes, s'y font des lésions aux pattes. Mais il existe dans tous les cas des souches qui supportent bien la vie sur grillage, notamment les Russe, Néo-Zélandais, Fauve de Bourgogne, Argenté de Champagne.

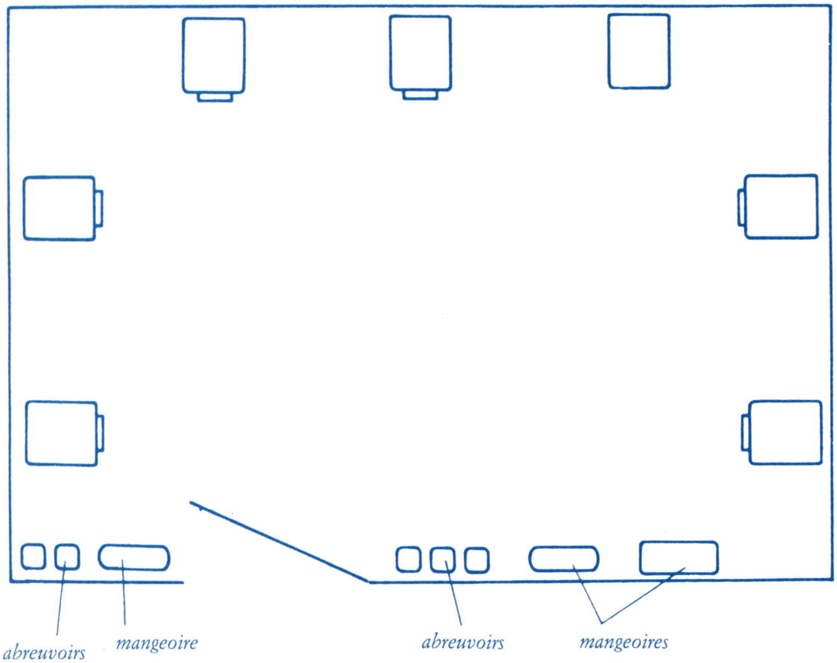

Élevage en colonie : disposition des boîtes individuelles

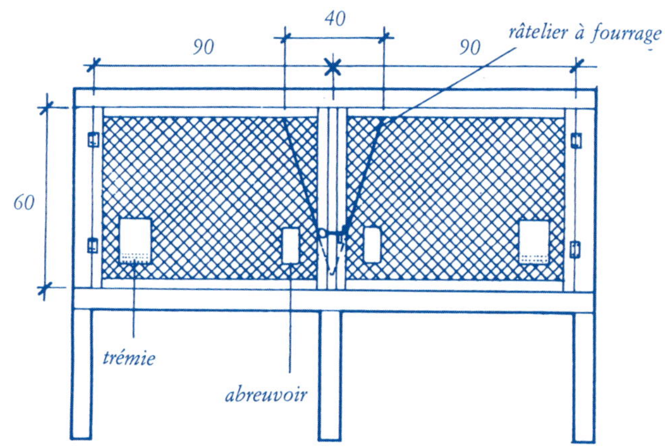

Cages de mères : ensemble de 2 cages séparées par un râtelier à fourrage. La trémie et l'abreuvoir sont placés contre la porte grillagée

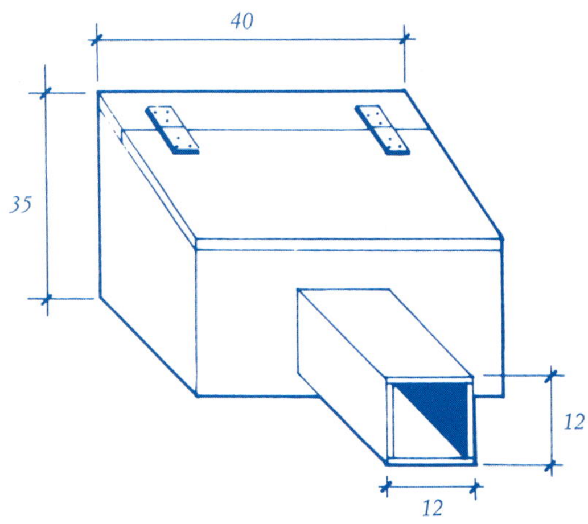

Cage en bois individuelle avec goulotte et couvercle articulé

L'élevage en colonie

Une autre solution peut être envisagée si vous disposez d'un local de petites dimensions (porcherie ou bergerie) à la condition qu'il comporte des murs lisses et un sol pavé ou cimenté.

Sur une couche de paille de 60 cm d'épaisseur au moins, disposez des sortes de terriers artificiels en bois. Ces boîtes sont pourvues d'une ouverture sur la face avant. Encastrez une buse de ciment ou une goulotte en bois dans une face (voir schéma) et fermez le dessus par un couvercle articulé. L'articulation du couvercle sera faite à l'aide de lanières, taillées dans de vieux pneus, ou par des charnières métalliques.

■ *Très tôt, l'éleveur devra séparer mâles et femelles, ici des Fauves de Bourgogne.*

Mise en route. Vous pouvez mettre ensemble jusqu'à 8 lapines. L'essentiel est qu'elles soient du même âge. Si, au cours de l'année, l'une d'elle venait à disparaître, ne la remplacez pas, il y aurait bataille dans le harem. Le mâle sera introduit en même temps que les femelles. Ne lui prévoyez pas de terrier. Au bout d'un certain temps, vous constaterez qu'un tunnel est obstrué par un bouchon de paille. A l'intérieur, il y a une nichée. En soulevant le couvercle vous pouvez surveiller et enlever les petits morts, le cas échéant. Quand les petits sortent du terrier, mettez-les en cages d'engraissement (ce qui suppose un autre local).

Entretien. Bornez-vous à mettre un peu de paille fraîche sur la litière, tous les quinze

■ *Ci-dessus et page ci-contre : la litière et l'eau doivent rester propres, et l'alimentation saine.*

jours. Au bout de six mois, retirez tout le fumier et remplacez-le par une litière fraîche.

Avantages. Les travaux d'entretien sont réduits au minimum. Vous n'avez pas à vous préoccuper des mises au mâle d'où un gain de temps énorme.

COMPOSITION COMPARÉE DES LAITS DE LAPINE ET DE VACHE

	Lapine	*Vache*	*Lapine*
Minéraux	*2,3 %*	*0,7 %*	*+ 1,6 %*
Lactose (sucre de lait)	*0,9 %*	*4,9 %*	*– 4 %*
Graisses	*11,2 %*	*3,7 %*	*+ 7,5 %*
Protéines	*14 %*	*3,5 %*	*+10,5 %*
Eau	*71,6 %*	*87,2 %*	*–15,6 %*

Inconvénients. Il est difficile de connaître les performances des lapines. La vaccination et la surveillance individuelles des reproducteurs sont un peu compliquées. Au bout de deux ans, il est nécessaire d'arrêter l'exploitation du clapier et de faire un vide sanitaire après désinfection. Deux mois après, vous pourrez mettre en place une nouvelle colonie.

Au cours de deux expériences que nous avons contrôlées, l'une a donné d'excellents résultats, l'autre a été beaucoup moins probante.

Dans le premier cas, la colonie était bien éclairée. Dans le second, le local était beaucoup plus froid et plus obscur.

L'alimentation

Dans ce domaine, il faut en finir avec une légende : celle du lapin qui se contente des épluchures et des herbes du jardin. Cela se révèle en effet totalement faux dès que l'on envisage d'élever plus de trois lapins.
Vous pouvez réserver un carré de votre potager pour l'alimentation des lapins et y cultiver carottes, pommes de terre, betteraves, etc. Mais il faudra aussi penser à donner du grain à vos pensionnaires : avoine, orge et maïs.
Enfin, vous avez à votre disposition les aliments du commerce : spécialement étudiés, ils répondent aux besoins nutritifs des lapins.

La boisson

L'eau, propre et claire, est indispensable aux lapins. L'éleveur débutant s'apercevra très vite que le pot à confiture fixé à la porte ou à la paroi s'avère vite insuffisant : il faut le remplir deux fois par jour et le nettoyer au moins deux fois par semaine. Dans le commerce, vous vous procurerez plusieurs types d'abreuvoirs.

Les abreuvoirs goutte à goutte. Très simples, ils sont faciles à poser et bon marché. L'essentiel est qu'ils ne fuient pas.

Les abreuvoirs à clapet. Il en existe plusieurs modèles. Les meilleurs sont ceux dont le clapet est fermé par un flotteur (comme celui du carburateur d'un moteur à essence).

Le mieux est que l'eau se trouve à niveau constant dans les abreuvoirs. Pour cela, ces derniers sont alimentés par une réserve d'eau d'une trentaine de litres.

Si vous le pouvez, branchez cette réserve sur le service d'eau, en munissant le réservoir d'un flotteur, selon le même principe qu'une chasse d'eau.

Il faut que la pression dans les abreuvoirs soit très faible : posez le réservoir sur une console ou une sellette.

Avantages de l'alimentation en eau par abreuvoirs automatiques : la propreté, l'abondance continue de l'eau, le dosage des médicaments et le respect de la durée des traitements.

Si vous ne cultivez pas de pommes de terre dans votre potager, n'en donnez pas à vos lapins quand elles sont chères sur les marchés. Contentez-vous alors de celles qui sont impropres à votre consommation. Faites-les cuire, écrasez-les et mélangez-les avec du son ou des moutures de grains.

Ci-dessus : rencontre inopinée d'un jeune lapin et d'une grenouille : l'herbe est-elle bonne ?

Page ci-contre : laissez toujours un abreuvoir plein d'eau à la disposition de vos lapins.

Les aliments verts

Dans les élevages traditionnels, dits fermiers, ils constituent la base de la nourriture des lapins. Couramment, on donne aux animaux, au gré des saisons, du temps, des loisirs de l'éleveur, une certaine quantité d'herbes à lapins. Il s'agit du séneçon, coquelicot, laiteron, chou, fumeterre, trèfle, luzerne et pissenlit. L'hiver, on met dans les mangeoires, blé, avoine, maïs, quelquefois des pommes de terre cuites saupoudrées de son, betteraves, châtaignes.

Ce mode d'alimentation se conçoit pour trois ou quatre lapins. Mais il faut enlever au moins une fois par jour la nourriture qui n'a pas été consommée. Dans certains cas, le clapier est approvisionné uniquement en épluchures, peaux de bananes et d'oranges. Certains éleveurs font même consommer des farines. Il faut pourtant savoir que le lapin, dont le système respiratoire est très sensible, ne les mange pas sans dommage.

Les aliments verts, s'ils sont distribués sans précaution, ne sont pas de bons aliments. Leur valeur nutritive est faible, leur digestion difficile. Ils entraînent un retard considérable

dans la croissance par leur pauvreté en protéines et le rendement (le rapport du poids de la carcasse au poids vif) est faible. Par ailleurs, l'ingestion des herbes, souvent souillées par les déjections des animaux de toutes sortes, est génératrice de maladies parasitaires, telles que la strongylose et la cysticercose. Enfin, leur entassement dans les râteliers ou sur le sol entraîne des fermentations occasionnant des affections digestives souvent mortelles.

Certains éleveurs tiennent à produire eux-mêmes toute la nourriture nécessaire à leurs animaux. D'autres se refusent à utiliser des aliments composés (granulés). Pour obtenir des résultats honorables, vous ne devez mettre dans les râteliers que du foin de jeune luzerne ou du foin ordinaire de première qualité. Dans les mangeoires, ne distribuez que de l'avoine, de l'orge ou du maïs. Vous pouvez, de temps en temps, offrir des carottes rouges bien lavées, pour les vitamines qu'elles contiennent. Enlevez chaque jour les aliments non consommés. Cette manière d'opérer évite bien des déboires et des pertes de temps.

Les besoins du lapin

Les recherches sur la biologie du lapin ont abouti à chiffrer ses besoins en principes de base ou aliments simples.

Ces besoins ne sont pas les mêmes, suivant qu'il s'agit de jeunes, de mères allaitantes ou de mâles.

Appréciées des lapins, les salades sont peu nourrissantes, car elles contiennent beaucoup d'eau. La meilleure est la chicorée sauvage. N'en donnez pas trop aux lapereaux car elle a un léger effet laxatif.

Branchages utiles aux lapins : acacia (purgatif), ajonc (purgatif), bouleau (diurétique, tonique), châtaignier (sucre), cassis, genévrier (stimulant), genêt (diurétique), noisetier, orme, peuplier (astringent), pin, pin maritime (béchique, pectoral), pommier...

■ *Page ci-contre : l'herbe distribuée devra être sèche et débarrassée des plantes toxiques.*

Matière azotée. Dans les rations, les protéines doivent représenter de 14 à 18 % du poids, suivant les catégories.

Cellulose. Elle constituera de 11 à 14 % de la ration.

Matières grasses ou lipides. Le lapin est peu exigeant en lipides, 3 à 5 % lui suffisent.

Aliments minéraux. Ils sont nombreux : sel de cuisine, calcium, phosphore et bien d'autres qui se trouvent en quantité suffisante dans les végétaux.

■ *Ci-contre : dans un élevage familial, l'heure du repas est attendu par les lapins ; l'occasion aussi de voir leur état de santé.*

Vitamines. Elles sont nécessaires à l'assimilation des aliments. Leur absence dans la nourriture provoque des maladies dites de carence (rachitisme). Les aliments frais en contiennent suffisamment.

La vitamine A, ou vitamine de croissance : son absence entraîne des ophtalmies et ralentit la croissance.

La vitamine B : antinévritique ; son insuffisance se traduit par des convulsions et des paralysies.

La vitamine D : antirachitique ; son absence provoque le rachitisme.

La vitamine E, ou vitamine de reproduction : son absence est la cause d'avortements ou de stérilité. Elle se trouve surtout dans les grains.

■ *Que les lapins apprécient les carottes n'est pas une légende ! Elles leurs apportent les vitamines A qui leur sont nécessaires.*

Les aliments complets

A partir de ces données, on est arrivé à fabriquer des aliments complets. Les granulés sont le résultat du broyage, puis de l'agglomération d'aliments naturels.

Le broyage assure le mélange et la digestibilité. L'agglomération permet une présentation qui plaît aux animaux et une distribution bien dosée qui évite le gaspillage.

Le granulé doit présenter des dimensions adaptées à la bouche du lapin : longueur 5 à 8 mm, diamètre 2,5 à 4 mm. Il doit être très dur. Il faut que les dents s'usent, puisque leur croissance est continue. Rejetez tout granulé friable. Le lapin accepte mal les farines qu'il ne sait d'ailleurs pas vraiment manger.

Les lapins Géant des Flandres, Géant du Bouscat, Géant Papillon Français consomment beaucoup de nourriture, mais croissent vite. Ils s'adaptent mal aux clapiers sur grillage.

Étiquetage. Les fabricants d'aliments complets sont tenus d'indiquer sur les étiquettes des sacs :
— la date de fabrication, car, en effet, l'aliment doit être consommé dans les trois mois qui suivent sa fabrication ;
— les teneurs minimales garanties en matières azotées totales (protéines brutes) ;
— les teneurs minimales en matières grasses ;
— les teneurs maximales en humidité, cellulose, matières minérales ;
— les suppléments en vitamines et en coccidiostatiques.

Composition. Dans les aliments, vous pouvez trouver :
— des céréales, blé, orge, avoine, parfois du maïs (qui n'est pas recommandé),

■ *Ci-contre : éliminez des mangeoires les aliments non-consommés : c'est plus prudent !*

■ *Ci-dessous : la ligne dorsale d'un vrai Papillon noir doit être bien dessinée, jusqu'au bas de la croupe.*

Argenté de Champagne, Néo-Zélandais, Grand Russe, Fauve de Bourgogne, Bleu de Vienne sont plus prolifiques que d'autres races lourdes. Ces races pèsent entre 4 et 5 kg et s'adaptent bien au grillage. Leur croissance est un peu moins rapide.

— des issues de meunerie,
— des drèches de brasserie,
— des tourteaux de soja et de tournesol,
— des pulpes de betteraves,
— de la luzerne séchée,
— un agglomérant (presque toujours de la mélasse),
— du carbonate de calcium (calcaire),
— un complément avec des vitamines contenant des minéraux et quelquefois un coccidiostatique, en dose infime.

Certains fabricants incorporent au granulé de la farine de poisson (protéines).

■ *Page ci-contre : la fourrure d'un Rex s'entretient régulièrement pour figurer au palmarès des concours cunicoles.*

C'est une substance à rejeter. Le lapin ne l'apprécie pas et la viande produite (dans le cadre d'un élevage de rapport) a un certain goût, assez désagréable.

L'aliment complet ne contient jamais d'hormones, le lapin ne les acceptant pas. Composé à partir d'éléments naturels végétaux, son usage donne des sujets dont la viande est excellente.

Les éleveurs traditionnels, qui utilisent pour l'alimentation de leurs animaux verdures, racines et grains divers, ont compris les avantages de l'aliment complet. Ils en donnent aux jeunes en période de sevrage et, plus tard, pour les "pousser". Devant les résultats obtenus, les aliments complets connaissent de plus en plus de succès.

Si vous observez des règles strictes d'hygiène, il est plus avantageux d'utiliser exclusivement des aliments complets pour un élevage semi-intensif.

La reproduction

Le lapin est un animal prolifique. Une fois la saillie effectuée, vous devez être en mesure de détecter si la femelle est en gestation ; celle-ci dure 30 jours. Pendant cette période, l'alimentation doit être particulièrement suivie car il faut rationner la lapine gestante. Mais dès le début de la lactation, il faut augmenter ses rations de nourriture.
Lors de la mise bas votre présence n'est pas indispensable, mais dès le lendemain, il vous faut surveiller la portée. Par la suite, vous suivrez les lapereaux, surtout lors du sevrage de la période d'engraissement.
De tous ces soins dépend le succès de votre élevage.

Beaucoup d'éleveurs proposent, par voie de publicité, des lapins reproducteurs. Ne vous fiez qu'aux personnes agréées par les organismes officiels et reconnus. Elles seules produisent des sujets de race pure.
Grâce à la sélection très sévère à laquelle a été soumise leur production, les performances de croissance, prolificité et fertilité sont excellentes. Cependant, sachez que les performances indiquées ont été obtenues dans des conditions d'hygiène et de nourriture parfaites. Si les mêmes conditions ne sont pas remplies, les résultats risquent d'être décevants, plus encore qu'avec des races communes. Ces dernières en effet, très rustiques, résistent bien aux attaques d'un environnement hostile.

Pour monter votre clapier, il est plus avantageux d'acheter des lapereaux : ils coûtent moins cher et s'habitueront à leur milieu en attendant la reproduction. Chaque cage de reproducteur doit porter une fiche individuelle, avec le numéro et tous les renseignements le concernant. Dans la plupart des races, les femelles sont fécondables entre 4 mois et demi et 5 mois.

Les mâles peuvent être utilisés un mois plus tard. Placez la cage du ou des mâles dans le même local que les lapines. Les jeunes reproducteurs seront rationnés (s'ils engraissent, leurs facultés génétiques diminuent). Le rationnement est facile grâce aux aliments complets granulés. La ration journalière variera, suivant les races, de 170 g par jour pour les lourdes à 120 g pour les légères.

L'eau propre sera distribuée à discrétion. En cette période de croissance, les aliments

■ *Page ci-contre : batterie d'un élevage de lapins Angora fourni clés en mains : gare au miroir aux alouettes !*

■ *Ci-dessous : belle portée de Géants Blancs du Bouscat ; adultes, ils pèseront autour de 5 kg.*

grossiers, comme le foin, sont déconseillés. Le jeune développerait un appareil digestif trop important, avec des fermentations nuisibles.

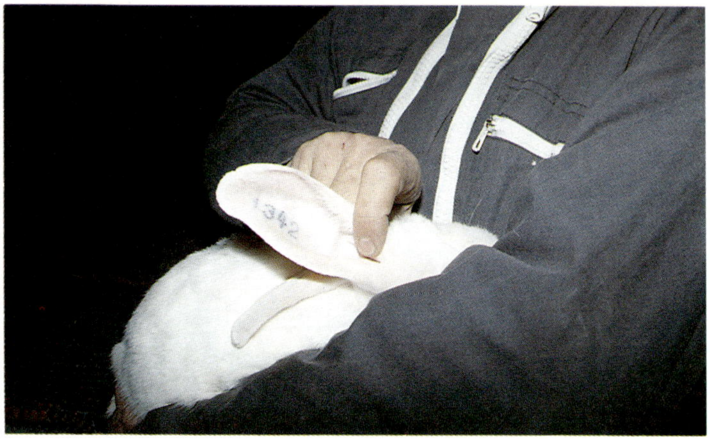

■ *Ci-dessus : le tatouage à l'oreille permet d'établir une généalogie.*

La saillie

Elle est toujours pratiquée dans la cage du mâle. Il faut donc y porter la femelle. Le transport doit être pratiqué avec les plus grandes précautions pour ne pas effaroucher les animaux et ne pas les blesser. Trop souvent, on saisit la lapine par les oreilles : ce procédé est douloureux et dangereux, la bête souffre et reste traumatisée. En conséquence, elle acceptera très mal le mâle.

Saisissez la femelle doucement de la main droite, par la peau, sur les épaules, la main gauche soutenant l'arrière-train. Pour la première saillie, assurez-vous bien que la lapine est réceptive, par l'examen de la vulve. Si celle-ci est blanche, il n'y a aucune chance d'accouplement. Elle doit être rouge.

La saillie détermine l'ovulation de la femelle. On peut, à la rigueur, obtenir des saillies forcées par la contention de la femelle, mais ce procédé peut choquer la lapine, surtout si elle est jeune, et rendra ainsi toute saillie ultérieure difficile.

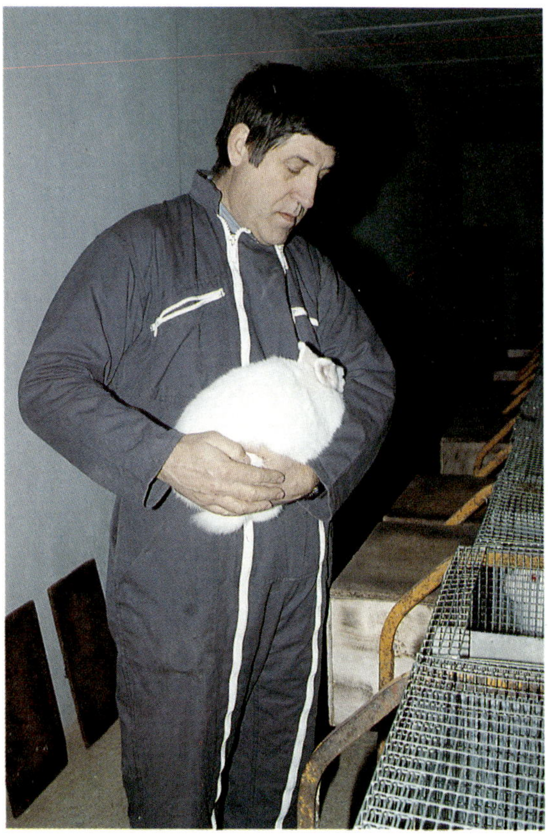

■ *Ci-contre : un lapin se tient de cette manière, fermement contre le corps, en tenant les pattes arrière serrées.*

Il est nécessaire d'assister à l'accouplement. La pratique, répandue dans les campagnes, de laisser la femelle pendant deux ou trois jours en présence du mâle, est à proscrire. Une fois la saillie accomplie, laissez revenir la lapine au calme. Parfois, le mâle effectue une deuxième saillie, ce qui n'est pas nécessaire. Remettez la lapine dans sa cage, avec les précautions d'usage.

La gestation

Le test de grossesse qui consiste à mettre périodiquement la femelle dans la cage du mâle et d'attendre sa réaction n'est pas fiable. En effet, certaines femelles acceptent la saillie quand elles sont pleines, d'autres la refusent alors qu'elles ne le sont pas.

On peut rapidement et exactement constater la gestation par la palpation, 12 ou 14 jours après la saillie. Mais, manipulez très doucement la lapine. Cette opération est effectuée dans la propre cage de la femelle. Si elle s'avère incommode, posez l'animal sur une table, recouverte d'un sac. Les oreilles et une partie de la peau des épaules sont maintenues d'une main ; placez l'autre main sous le ventre, entre les pattes arrière légèrement en avant du pubis. Placez le pouce du côté droit et les doigts du côté gauche des deux utérus, pour palper les fœtus. Entre le douzième et le quartorzième jour de la gestation, les fœtus ont pris la forme de billes. Il est aisé de les sentir : ils glissent entre le pouce et les doigts, quand la main passe d'avant en arrière, en exerçant une faible pression. Prenez beaucoup de précautions car si une pression trop forte est exercée, les tissus sont meurtris ou se détachent de la parois de l'utérus. Il en résulte une infection ou un avortement.

Le danger de lésion des tissus est moindre durant ces premiers jours que dans la période suivante. Le diagnostic de la gestation, seize jours après la saillie, est très compliqué. Le développement des fœtus est alors si important qu'ils peuvent être confondus avec les organes de la digestion.

Vous développerez votre habileté pour le diagnostic exact de la gestation entre le septième et le huitième jour. Si la gestation n'est pas constatée, présentez la femelle au mâle dans les plus brefs délais.

Alimentation. Rationnez la lapine pendant la gestation. Cependant, dès que la lactation commence, donnez-lui des aliments à volonté pendant trois semaines.

Pendant l'allaitement, les besoins de la lapine sont quatre fois plus grands que ceux de la lapine gestante. En quatre semaines, elle sécrète deux fois son propre poids en lait. La consommation en eau augmente aussi considérablement : plusieurs litres d'eau par jour sont nécessaires en été.

La mise bas

Dans tous les types de cage, la boîte à nids est indispensable. Une simple caisse avec une face échancrée suffit si elle est bien garnie de paille.

Deux ou trois jours avant la mise bas, la lapine s'affaire dans sa boîte, coupe la paille et l'arrange avec beaucoup d'agitation. Enfin, elle s'épile le ventre, dénudant ses mamelles, pour couvrir les petits dès la naissance.

La mise bas a lieu généralement la nuit. Vous n'avez pas à intervenir. Le lendemain, vous devrez vous assurer que les petits sont tous vivants et bien couverts par les poils du nid. Vous pourrez même, si nécessaire, prendre du poil dans un autre nid. Les éleveurs traditionnels prétendent que le simple fait de toucher une nichée entraîne l'abandon de celle-ci. Voilà encore un préjugé à combattre ; l'essentiel est le calme et la douceur des gestes.

■ *Un accouplement réussi commence par l'acceptation du mâle par la femelle.*

La cause la plus fréquente de la mortalité des petits est le froid. Tout jeune, hors du nid, meurt très rapidement.

Fiche individuelle. Elle comporte tous les renseignements sur la lapine : race, âge, parents, saillie, mise bas. Vous avez inscrit en son temps la date de la saillie, inscrivez la date de mise bas, le nombre de petits. Plus tard, vous inscrirez lors du sevrage le nombre de petits sevrés, leur poids, la date du sevrage. Tous les reproducteurs auront une fiche fixée sur une planchette, accrochée à la cage. Les marchands de granulés fournissent gratuitement de telles fiches.

Il est indispensable d'avoir un cahier pour y inscrire, au jour le jour, tous les événements de l'élevage : naissances, morts, ventes, achats, consommation en aliments, vaccinations, soins, maladies, etc.

■ *La boîte à nids isole les lapereaux nouveau-nés et évite leur piétinement.*

Cannibalisme. La mère mange ses petits. Si cet accident n'est pas dû au manque d'eau de boisson, ou à une frayeur de la mère, mieux vaut, en cas de récidive, réformer la lapine. Rappelez-vous qu'en été une lapine allaitante peut boire jusqu'à 4 litres d'eau par jour.

Adoption. En cas de décès d'une mère allaitante, vous pouvez tenter, avec des chances de succès, de faire adopter les petits par d'autres mères, sous certaines conditions : n'ajoutez pas à la portée de la mère adoptive plus de deux petits. Interdisez à celle-ci la boîte à nids, pendant douze heures, afin que les nouveaux prennent l'odeur des autres. Enfin, pour que l'opération réussisse, il faut que les adoptés aient moins de trois jours de différence avec la nichée adoptive.

Abandon de la portée. Sa cause doit être recherchée dans le manque de lait ou le froid

(l'un pouvant provoquer l'autre), ainsi que les stress ou chocs nerveux. Par ailleurs, il faut savoir que les premières mises bas ont une mortalité d'autant plus forte que la première saillie a été précoce. Les femelles qui perdent des lapereaux lors des deux premières mises bas doivent être éliminées.

■ *Ce jeune Fauve de Bourgogne, encore aveugle, est âgé de quelques heures seulement.*

Les jeunes

Le nombre optimal de lapereaux par portée est de 8. Dans un élevage semi-intensif, il peut souvent atteindre 10 ou 12. Au-dessus de ce nombre, il est bon d'enlever les petits les plus malingres.

L'alimentation. Les petits tètent une seule fois par jour, généralement tôt le matin. Le lait de la lapine est très riche. Il constitue, jusqu'au vingtième jour, l'aliment exclusif du lapereau. A cet âge, le lapereau, glabre à la naissance, est couvert de poils et commence à marcher. Il a les yeux ouverts. Progressivement, il s'alimente dans la mangeoire. Retirez alors la boîte à nids de la cage.

Dans les élevages traditionnels, on laisse les lapereaux avec la mère une quarantaine de jours. En élevage semi-intensif, on a l'habitude de les sevrer au trentième jour.

Le sevrage. Pesez les lapereaux en groupe. Au trentième jour, le poids moyen oscille entre 500 et 650 g. La cage, où les jeunes vont être mis, doit être munie d'une fiche où figurera la date du sevrage, le nombre de lapereaux sevrés, leur poids, leur consommation en aliments, la date de la vente, le nombre de lapereaux vendus, leur poids.

Les cages de jeunes peuvent recevoir 15 lapereaux au mètre carré. A la suite d'essais de sevrage, de dix jours jusqu'à sept semaines, on a déduit que les sevrages sont possibles durant toute cette période, à condition d'ajouter du lait en poudre aux rations alimentaires.

Les sevrages à deux ou trois semaines donnent des lapereaux de croissance aussi bonne que celle de ceux sevrés à sept semaines. Cependant, la mortalité des lapereaux est d'autant plus grande que le sevrage est précoce. On a pu ainsi constater que le taux de mortalité était de 10 % pour les lapereaux sevrés à sept semaines et de 50 % environ pour les petits sevrés à 10 jours. Quand le sevrage intervient entre la troisième et la quatrième semaine, le taux de mortalité retombe à 10 % en moyenne.

L'engraissement. Il doit être réalisé en 60 jours environ pour obtenir des animaux au maximum de leur rendement. Même dans l'élevage traditionnel, la consommation exclusive d'aliments verts doit être abandonnée. L'appareil digestif du lapin prendrait trop d'importance et la pauvreté de la nourriture rendrait la croissance des animaux trop lente. Par ailleurs, les germes de maladies trouvent dans un intestin bourré d'herbe un terrain de prédilection. Les pertes de jeunes seront très fortes. Mieux vaut s'en tenir à la nourriture sèche, granulés ou bien céréales, et foin de luzerne sèche.

Le lapereau a tendance à trier sa nourriture. Il n'aime pas les farines. Il ne faut pas, dans les trémies, mélanger avoine et granulés. Grillagez le fond des trémies pour faciliter l'expulsion des poussières.

Contrairement à une idée reçue, la castration des mâles n'augmente pas leur aptitude à l'engraissement. Par ailleurs, les mâles cohabitent très bien entre eux et avec les femelles, mais jusqu'à trois mois et demi.

La castration n'est utile que dans les élevages de lapins Angora : elle rend les animaux plus dociles.

A 90 jours, les lapereaux seront consommés ou vendus. Si vous les gardez, les aliments qu'ils absorberont à partir de ce moment seront en grande partie employés à l'acquisition de la maturité sexuelle. Leur croissance sera lente. Enfin, si dans une portée vous destinez certains sujets à la reproduction, choisissez les mâles les plus lourds et les mieux conformés. Élevez-les à part.

La viande de lapin est est riche en protéines : 21 % contre 18 % pour le gigot de mouton, 17 % pour l'aloyau de bœuf. Elle est pauvre en graisses : 10 % contre 17 % pour le gigot de mouton, 25 % pour l'aloyau de bœuf. Elle est moins grasse que le poulet et plus riche en sels minéraux : 1,2 % contre 0,9 % pour le mouton, 0,8 % pour le jambon et le poulet.

L'élevage

Dans un élevage traditionnel, le rythme de reproduction est fantaisiste. Il dépend beaucoup de l'humeur du propriétaire. Dans certains cas, l'hygiène est peu respectée ; on laisse les petits jusqu'à deux mois sous la mère. L'élevage est alors peu productif, les mères donnant chacune une dizaine de petits par an. Dans ce mode d'élevage, la lapine est présentée au mâle après sevrage.

Cependant, depuis quelques années, les éleveurs traditionnels sont en progrès : ils achètent des aliments complets qu'ils donnent aux jeunes pour les "pousser".

D'autres achètent, au plus bas prix, des reproducteurs de race. Cette dernière méthode est souvent source de déboires. Si les hôtes nouveaux, dont on connaît mal l'origine, n'apportent pas de maladies nouvelles (coryza, par exemple), ils ne seront pas habitués à l'environnement microbien de l'élevage d'accueil auquel ils seront, par conséquent, plus sensibles.

Moderniser un élevage, ce n'est pas seulement acheter des reproducteurs de race et donner, de temps en temps, des granulés aux lapins. L'élevage du lapin, même de dimensions réduites, est l'un des plus difficiles : il exige de l'organisation et une infrastructure minimale. Ayez des clapiers propres, si possible à l'abri, dans des bâtiments bien entretenus. Ces conditions réunies, vous pourrez, une fois que vous aurez acquis une certaine expérience, passer au stade de l'élevage semi-intensif.

L'élevage semi-intensif

La lapine est présentée au mâle quinze à dix-huit jours après la mise bas. Elle est rationnée entre le sevrage et la mise bas suivante, car certaines souches ont tendance à engraisser et à devenir stériles. Le rationnement commencera à la fin de la lactation et durera assez longtemps.

Le remplacement des reproducteurs. Il est nécessaire de procéder à un vide sanitaire

■ *Exemple d'une portée réussie : une nourriture équilibrée évite le cannibalisme observé chez certaines lapines.*

■ *Ci-contre : quand vous recherchez un lapin de race pure, ici un Géant des Flandres, adressez-vous à un éleveur reconnu.*

tous les deux ans. Débarrassez le local de tous ses habitants et procédez à un nettoyage sérieux et à une désinfection générale. Le vide sanitaire dure de quatre à six semaines. Pour pallier le manque à gagner de cette interruption, il est sage d'avoir, au moins, deux cellules de mères.

Pour repeupler la cellule, vous utiliserez des reproducteurs de race pure ou issus de croisement. Les premiers pourront descendre d'une lignée spécialement entretenue dans votre élevage (par exemple, des Petit Russe). Quant aux seconds, ils peuvent provenir de croisements entre mâles Néo-Zélandais et femelles Californien.

Vous vous rendrez compte, avec l'expérience, qu'il vaut mieux acheter des reproducteurs à hautes performances. Ils sont livrés avec un contrat qui précise le mode d'élevage (paille ou grillage) et les vaccinations auxquelles le sujet a été soumis.

L'élevage intensif

Il exige des installations modernes, avec des conditions d'hygiène parfaites, des moyens d'aération contrôlée et de chauffage. Ces installations sont très coûteuses et ne peuvent être envisagées que pour des productions intensives.

La mise au mâle a lieu le jour même ou le lendemain de la mise bas. Les lapereaux sont sevrés à 20 jours. Remettez en place la boîte à nids dans la cage. La mise bas se fait dans les jours qui suivent.

Avec ce système, le rationnement est très faible. Les lapines auront tendance à engraisser et leur longévité sera abrégée. Comme il est nécessaire d'éliminer les femelles improductives et les mâles déficients, ainsi que les animaux en mauvais état sanitaire (mal aux pattes ou coryza), prévoyez des remplacements très nombreux.

La solution la plus économique est de constituer une réserve avec des femelles issues des meilleures lapines de l'élevage et de les élever ensemble. Vous choisirez les femelles dont vous avez besoin quand elles auront trois mois et demi.

■ *On peut obtenir de bons résultats même avec une installation sommaire.*

Seuls les éleveurs très habiles peuvent utiliser le rythme intensif. S'il donne plus de lapereaux par mère et par an, il demande un travail beaucoup plus considérable et des investissements importants.

Les maladies

Le lapin possède un intestin de trois mètres de long. Il est donc sensible aux maladies d'origines hépatique et intestinale. Celles-ci sont provoquées soit par des parasites, soit par l'ingestion d'aliments fermentés. Il est donc indispensable de faire attention à l'hygiène des râteliers et des mangeoires, ainsi qu'à la qualité de la nourriture distribuée.
Les lapins peuvent aussi présenter des affections respiratoires et des troubles de la reproduction. Ces derniers sont souvent dus à des erreurs d'élevage.
Enfin, si vous donnez à vos lapins des herbes, faites-le prudemment car certaines sont toxiques, parfois même mortelles.

L'hygiène du clapier

Pour éviter aux lapins d'être malades, la première condition consiste à conserver le clapier propre et bien entretenu. Quelques interventions simples et régulières préviendront votre élevage — même s'il est de dimensions modestes — de l'attaque des parasites et des maladies qui peuvent parfois entraîner la mort des animaux.

Ces opérations sont la garantie d'une production saine et rentable. Elles se résument à deux actions périodiques : la désinfection et la désinsectisation.

Désinfection. En règle générale, chaque fois que vous avez sevré une portée, il faut désinfecter la boîte à nids et la cage. Le procédé le plus commode est la lampe à souder.

Vous pouvez aussi employer une solution de soude caustique à 8 %, en pulvérisations.

Ses avantages principaux sont : le prix insignifiant, l'absence d'odeur et de toxicité. Les fumiers, si leur enlèvement immédiat n'est pas possible, peuvent être désinfectés à la soude caustique et saupoudrés de superphosphate de chaux pulvérulent.

Désinsectisation. Vous pouvez enduire périodiquement certaines parties des murs ou de l'extérieur des cages avec des insecticides spéciaux que vous trouverez dans le commerce. Mais la façon la plus efficace de désinsectiser

■ *Le nettoyage régulier du clapier à grande eau est un passage obligé pour conserver longtemps son cheptel.*

reste la pulvérisation d'un insecticide non toxique pour les animaux. Prenez soin d'employer, d'une opération à l'autre, un produit différent, afin d'éviter l'accoutumance. Un élevage bien désinsectisé est à peu près à l'abri de la myxomatose, maladie qui constitue la plus redoutable infection due aux insectes, ainsi que des puces (voir plus loin).

■ *Le vétérinaire examine les oreilles d'un lapin : elles révèlent son état de santé.*

Les coccidioses

Les coccidioses, en particulier la coccidiose intestinale, sont des maladies redoutables qui peuvent causer des pertes importantes dans les élevages. Elles sont provoquées par un parasite microscopique : la coccidie. On en distingue deux formes : la coccidiose intestinale et la coccidiose hépatique, deux maladies qui se manifestent souvent en même temps.

Coccidiose intestinale. Elle est désignée couramment sous le nom de "gros ventre".

Ses signes sont : diarrhée, amaigrissement, paralysie. Le ventre est distendu, les diarrhées sont fétides. La mort survient dans les dix jours.

La coccidiose intestinale n'est pas facile à déceler, presque toutes les affections du lapin se signalant par des diarrhées. Pour en être certain, faites analyser les animaux malades par un laboratoire.

Coccidiose hépatique. Elle n'est guère décelable qu'à l'abattage ou à l'autopsie. Rarement mortelle, elle retarde la croissance de l'animal et déprécie considérablement la carcasse. Le foie est très gros et présente d'innombrables taches blanches ou jaunes qui sont de petits abcès dans les canaux biliaires.

Traitement. Les sulfamides sont les médicaments les plus efficaces, mais ils sont dangereux : respectez scrupuleusement les modes d'emploi et les doses.

Pour un traitement efficace, donnez pendant trois jours de l'eau de boisson contenant 2 grammes par litre de Quinacrine ou de ses dérivés. Un traitement très précoce limite sérieusement les pertes.

Prévention. La transmission des coccidies se fait par les aliments verts, la paille, les crottes. La propreté du clapier et les désinfections périodiques sont des facteurs de prévention importants et indispensables.

Dans un même souci préventif, certains éleveurs traitent systématiquement leur élevage dans sa totalité tous les deux mois. Si malgré les précautions prises, la coccidiose provoque des pertes importantes, il faut recourir au vide sanitaire.

■ *Les lapins risquent d'être contaminés par les cysticerques en se nourrissant d'herbe où seraient présentes des larves de ténias.*

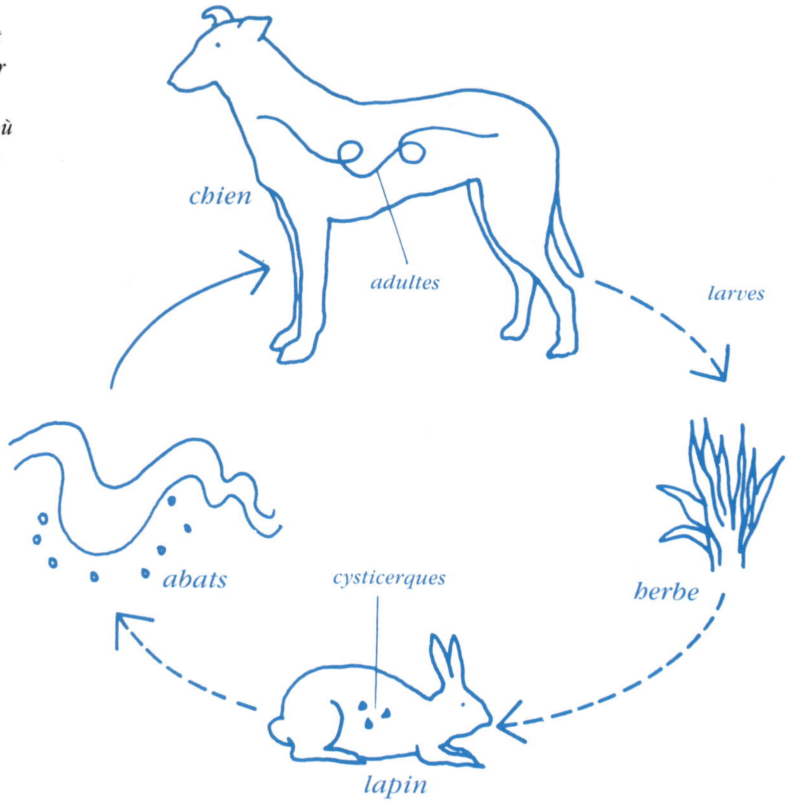

La cysticercose

Elle est fréquente dans les élevages fermiers sur litière. Les cysticerques sont des larves de ténias de chiens et de chats. On les trouve sous forme de perles transparentes de la grosseur d'un petit pois portant un point opaque. Elles sont en amas plus ou moins importants autour de l'estomac, du foie ou dans le péritoine. Il n'existe pas de traitement possible. On prévient la maladie en vermifugeant chats et chiens de la maison, qu'il faut empêcher à tout prix d'approcher des litières ou des aliments des lapins.

La strongylose

On peut trouver dans les intestins des vers ronds et blancs, les ascaris, et des verts fins et rouges, les strongles. Ils occasionnent des diarrhées. Les strongles peuvent aussi envahir les poumons.

Traitement. Il consiste à donner du Thiabenzole, à raison de 50 mg par kilo de poids vif tous les vingt jours, en solution dans l'eau de boisson.

La myxomatose

C'est la terreur de l'éleveur de lapins. Elle sévit en France depuis plus de 30 ans et ses symptômes sont bien connus. Dès les premières atteintes du mal, le lapin a le nez obstrué par du mucus qui prend l'aspect de pus (myxomatose a pour racine le grec *muxa*, morve). Les yeux coulent, les paupières enflent. Un ou deux jours plus tard, les paupières cachent les yeux et se collent. L'enflure gagne les lèvres et les oreilles qui retombent. La face de l'animal prend un aspect repoussant. En même temps, ses organes génitaux sont tuméfiés et des tumeurs apparaissent sous la peau. L'amaigrissement est rapide, la fourrure est sale et le lapin meurt au bout de 4 à 10 jours.

Myxomatose chronique. Elle est plus fréquente depuis ces dernières années. Le lapin en guérit. Les tumeurs sèchent en laissant sur la peau des cicatrices dépourvues de poils. La croissance de l'animal est retardée mais il survit et reste immunisé contre la maladie. Certains éleveurs commettent la grave erreur de les garder. Ces animaux sont en effet porteurs de germes et leur descendance est toujours de mauvaise qualité.

La myxomatose est très contagieuse par contact direct et, surtout, par piqûres d'insectes transportant le virus.

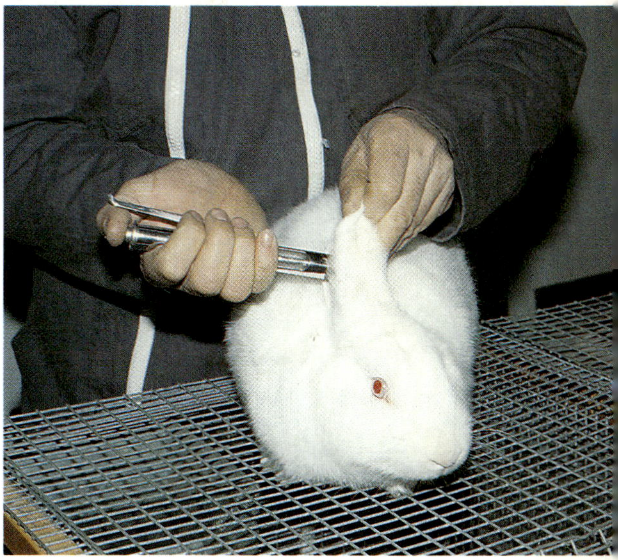

■ *Ci-contre : dans un élevage de rapport, la vaccination contre la myxomatose est obligatoire.*

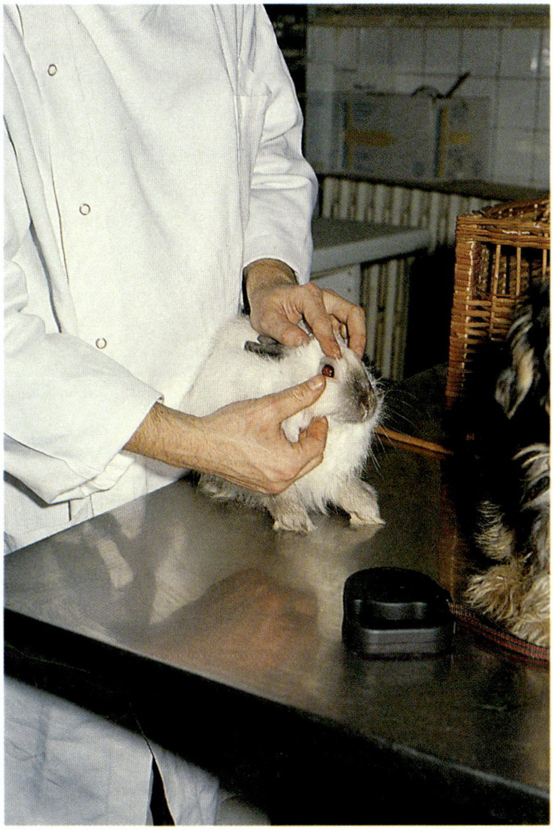

■ *Ci-contre : l'examen des yeux aide à connaître l'état physique des lapins.*

Traitement. Dès l'apparition des symptômes, isolez le lapin tout de suite. Comme il n'existe pas de traitement efficace, abattez-le et enterrez-le sous une couche de chaux vive, ou incinérez-le.

Prévention. On a mis au point un vaccin indirect, efficace dans la majeure partie des cas. La myxomatose n'est pas très redoutable si vous prenez les mesures suivantes :
— mettez en quarantaine tout lapin venant de l'extérieur avant de l'incorporer au cheptel. Banissez la pratique qui consiste à porter une femelle au mâle de l'éleveur voisin pour une saillie ;
— luttez efficacement contre les insectes ;
— détruisez immédiatement le cadavre d'un lapin qui a été malade ;
— désinfectez les locaux à la flamme du chalumeau et par une pulvérisation de formol à 1 %.

N'oubliez pas que la myxomatose, maladie contagieuse, doit être signalée à la mairie dès son apparition.

Les affections digestives

Entérotoxémie. Il arrive que dans un élevage on trouve une belle lapine morte, alors qu'elle paraissait en parfait état quelques heures auparavant. A l'autopsie, on constate que ses intestins sont remplis de gaz et de sang non coagulé. La chair se putréfie très rapidement : le sang contient un excès d'urée.

La présence d'urée en excès est due à un déséquilibre alimentaire. Dans les élevages traditionnels, à l'excès d'azote s'ajoute le manque d'eau de boisson. Les germes pathogènes prolifèrent très vite, de façon massive. Les fermentations dégagent des gaz et l'intestin est paralysé. La mort survient rapidement.

Un des germes responsables est le *clostridium,* contre lequel il existe un vaccin, souvent efficace. Pour que la prévention soit complète, l'eau doit toujours être donnée à discrétion. Les rations alimentaires, riches en azote, doivent être équilibrées grâce à un apport de cellulose. On peut ajouter une cuillerée de vinaigre par litre d'eau de boisson, pour modifier le milieu intestinal, et faire ingérer ensuite des ferments lactiques.

Entérite mucoïde. Cette maladie se manifeste par une diarrhée visqueuse ayant l'aspect d'une gelée transparente. Elle frappe surtout les lapereaux à l'engraissement.

Dans un grand nombre d'espèces animales, lorsqu'on impose au sujet une posture anormale, il s'installe un état particulier d'immobilisation. Chez le lapin, une telle immobilisation s'obtient aisément en retournant l'animal sur le dos. L'état d'immobilité qui s'établit persiste entre une et dix minutes.

La **viral hemorragic disease (V.H.D.)** *est une maladie récente qui atteint les lapins adultes. Elle provoque des lésions hémorragiques et évolue en huit — dix jours, généralement vers la mort. Son mode de transmission est encore inconnu. Elle n'a pas de traitement spécifique.*

L'entérite mucoïde est due à la mauvaise qualité des aliments : foin humide, aliments verts échauffés ou même aliment complet avarié. Le lapereau se déshydrate. La mortalité peut être très importante si on n'intervient pas très vite.

Les antibiotiques donnent de bons résultats. Mais il faut supprimer les causes de la maladie qui proviennent toujours des erreurs d'alimentation et d'un manque de propreté.

Les affections respiratoires

Pasteurellose. Comme les hommes, les lapins éternuent facilement. Ils sont très sensibles aux poussières et aux courants d'air. Si les crises d'éternuement se répètent et, surtout, si vous observez un écoulement nasal blanchâtre que le lapin essaye d'essuyer avec ses pattes, la chose est grave.

Le coryza peut évoluer jusqu'à la pasteurellose pulmonaire. Dans ce cas, faites appel au vétérinaire qui soignera l'affection aux antibiotiques.

Les parasites externes favorisent également l'installation de la maladie. Si votre élevage est important, vous pouvez demander au laboratoire de faire un autovaccin à partir d'un animal gravement atteint. Si le coryza fait son apparition dans un élevage, les règles d'hygiène doivent être sérieusement observées et les désinfections rigoureuses. Cette infection est très répandue et risque en effet de s'aggraver dans un environnement malsain et dans de mauvaises conditions d'alimentation. Surtout, ne gardez pas les descendants des sujets malades pour en faire des reproducteurs.

Les parasites externes

Puces et poux. Pour les détruire, faites des pulvérisations avec des insecticides à base de pyrèthre que vous trouverez dans les magasins spécialisés.

Tiques. Ce sont de gros parasites externes généralement fixés derrière les oreilles, par le rostre. Ils sucent le sang de leur hôte jusqu'à atteindre le volume d'un grain de ricin. On les observe rarement. S'ils existent, faites-les tomber en les humectant de benzine ou de xylol. Enlevés sans précaution, ils laissent leur rostre dans la peau, déterminant ainsi la formation d'abcès.

Gale des oreilles. Elle cause des troubles graves qui peuvent dégénérer en otite. L'agent est un acarien, comme les tiques, mais microscopique. Il creuse des galeries dans la peau. Il existe de nombreux acaricides, souvent des savons ou des pommades à base de lindane. La gale, aussitôt détectée, doit être soignée, et les cages désinfectées.

Le mal aux pattes. C'est surtout une maladie d'été. Elle commence par des meurtrissures sous les doigts, sous les jarrets et se termine par des plaies ou des nécroses. Ces plaies sont les portes d'entrée de toutes sortes d'infections. Le mal aux pattes torture le lapin.

■ *Dès que la gale des oreilles est détectée, elle doit être soignée. Mais il est le plus souvent souhaitable de traiter préventivement.*

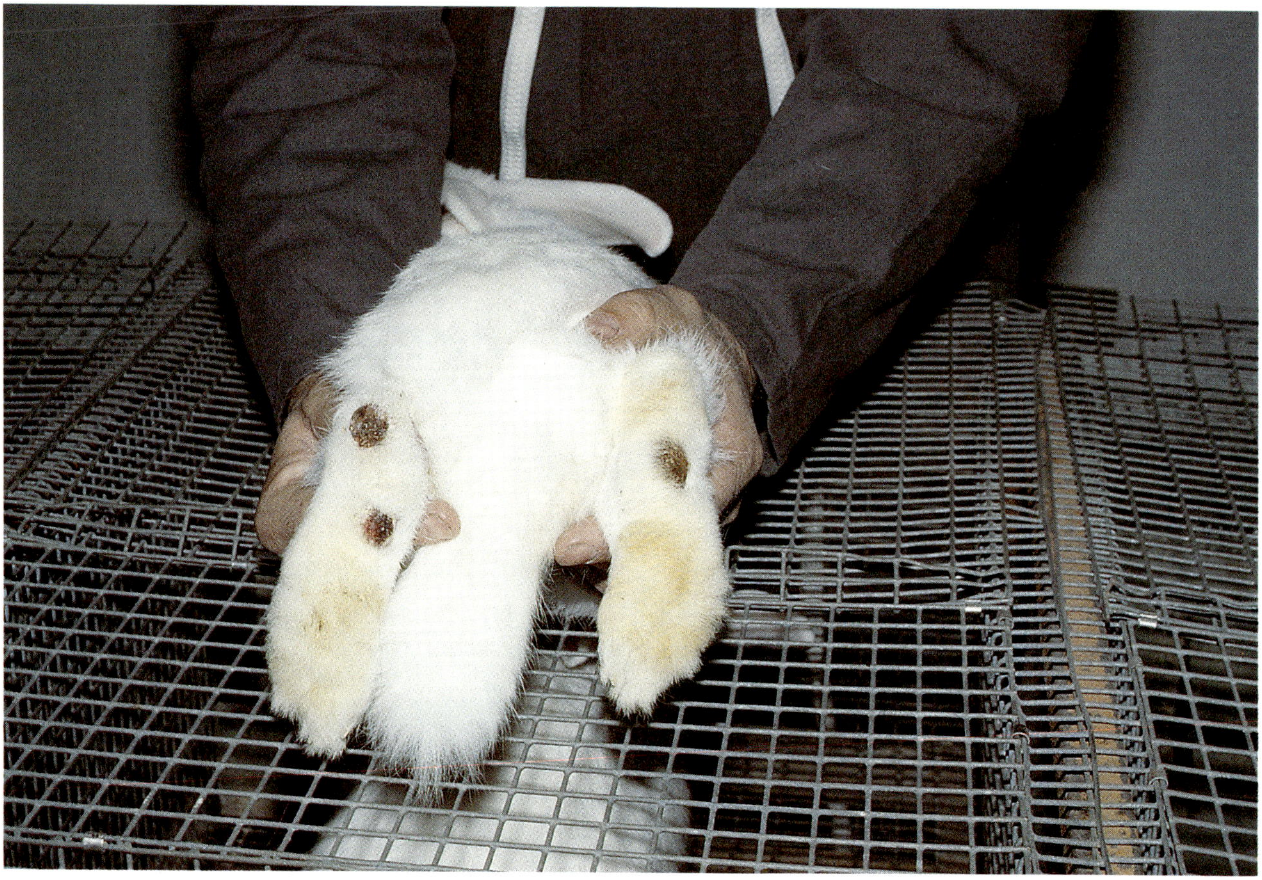

■ *La nécrose des pattes est souvent le signe d'une intolérance au grillage.*

Son appétit diminue et les lapines refusent les saillies. Il est dû surtout à une intolérance au grillage et, pour cette raison, les races lourdes sont souvent atteintes. On l'observe aussi sur le ciment nu ou sur la paille.

Les éleveurs s'efforcent de sélectionner des souches qui ne présentent jamais cette sorte d'infection.

Les troubles de la reproduction

Ils sont quelquefois dus à la spirochétose (syphylis du lapin qui se manifeste par des ulcérations sur les organes génitaux), à la salmonellose et à la listeriose qui entraînent des avortements.

Stérilité. La lapine refuse le mâle ou n'est pas fécondée par la saillie. Les éleveurs traditionnels savent qu'on obtient que très peu de gestation en juillet et en août. Cette stérilité résulte de la chaleur dans les élevages non protégés.

En hiver, le même phénomène est dû, cette fois, à un éclairement insuffisant.

Avortements. Ils peuvent être provoqués par des chocs nerveux occasionnés par les rats,

Les lapins furent introduits en France au Moyen Age. Pour protéger les cultures régulièrement dévastées, Louis XVI en permit la chasse à tout un chacun. Pour les mêmes raisons, c'est en 1950 qu'un vétérinaire inocula la myxomatose à des lapins envahissants...

Voici le pourcentage des maladies parasitaires relevé par les services vétérinaires :

— coccidiose intestinale	*48 %*
— coccidiose hépatique	*19 %*
— saccharomycose	*14 %*
— cysticercose	*9 %*
— oxyurose	*4 %*
— trichinrose	*1 %*

les enfants turbulents, les chiens ou les chats, et entraînant la naissance de facteurs infectieux déjà cités.

Mammites. Cette inflammation des mamelles peut conduire à une suppuration. Elle est due à de mauvaises conditions d'hygiène ou à une agression locale (tétées). Il faut appliquer un antibiothérapie.

Abandon de portée. Cet accident vient d'un manque de lait, du froid, de l'insuffisance de l'abreuvement ou bien encore de chocs nerveux.

Cannibalisme. A l'origine se trouve presque toujours une carence alimentaire ou un choc nerveux.

Incidents divers

Accidents. Le lapin est un animal anxieux, aussi craintif que le lièvre de notre célèbre La Fontaine.

Un brusque changement d'habitat, la présence d'un chat ou d'un chien, de visiteurs bruyants peuvent déterminer des paniques. Les mouvements désordonnés sont l'occasion d'accidents, d'ecchymoses et même de fractures, d'abandon des petits et de cannibalisme.

Le stress fait beaucoup de ravages, en particulier chez les lapines.

Intoxications. Les lapins sont extrêmement sensibles aux agents chimiques. Ayez à l'esprit cette sensibilité en procédant aux désinfections. Veillez à l'innocuité des herbes que vous distribuez : ne récoltez pas d'herbe sous les arbres fraîchement traités, sur les terrains où viennent d'être répandus des engrais chmiques. Gardez-vous de donner aux lapins des grains, cela s'est vu, destinés à empoisonner les rats.

Les pesticides agricoles contiennent toujours des produits toxiques : composés phosphorés, composés du cuivre, etc. La strychnine dans les appâts empoisonnés est aussi la cause d'intoxication : les lapins meurent après des contractures et des souffrances intenses et prolongées.

La chaux vive et la lessive, utilisées parfois pour désinfecter les locaux et les cages, provoquent une salivation abondante, de la diarrhée, de l'œdème pulmonaire. Remède : l'eau bicarbonatée.

Intoxications végétales. Dans la nature, le lapin sauvage fait son choix. Il connaît bien

■ *Animal craintif, le lapin nain a besoin d'une présence calme et d'une discrète attention.*

■ *Quelques-unes des plantes parmi les plus dangereuses pour le lapin.*

les végétaux qui lui conviennent. Il n'est est pas de même en captivité où il ne mange que ce qu'on lui donne.

— La cuscute (fil à la perdrix), parasite de la luzerne, peut provoquer des entérites mortelles.

— L'if, conifère agréable qui produit des baies rouges, est un poison violent pour les lapins qui le mangent volontiers.

— Le colchique d'automne peut provoquer des diarrhées sanglantes qu'il faut soigner avec du thé ou du café.

— La ciguë, qui ressemble au persil, est toxique. Le lapin meurt paralysé.

— La prêle (ou queue de renard) provoque les mêmes accidents.

— La pomme de terre, par ses feuilles, et toutes les plantes de sa famille (la jusquiame, le datura, la belladone, la morelle noire ou tue-chien) provoquent des troubles graves, souvent mortels.

■ *Page ci-contre : un lapin s'attrape toujours par le gras du cou et jamais par les oreilles.*

— L'ingestion prolongée de fougère sèche (utilisée dans les litières) peut intoxiquer les animaux.

— L'ergot de seigle, champignon parasite des céréales, peut se trouver dans les grains et les farines. Si les lapins en ont ingéré, ils meurent à brève échéance par paralysie, ou bien l'intoxication chronique détermine la gangrène des extrémités corporelles.

— D'autres plantes, telles que chélidoine, renoncule, digitale, euphorbe, mercuriale, mouron rouge, sont dangereuses.

D'une manière générale, ne distribuez dans les râteliers que des plantes bien connues et cueillies proprement, toujours dans des endroits propres et sains.

Le lapin Angora

Le lapin Angora est élevé pour ses poils, dont l'exploitation peut être économiquement fort intéressante. Une telle activité se distingue cependant fondamentalement de l'élevage du lapin de chair, tant au niveau de la conception, de l'organisation et de l'équipement des locaux, que de l'entretien du cheptel.

C'est donc en étant attentif à ces contraintes particulières que l'éleveur de lapins Angora pourra rentabiliser un métier qui a encore beaucoup d'avenir devant lui, puisque, en France, seulement près de 20 % des besoins sont couverts par la production nationale.

La fourrure du lapin est constituée de jarre et de bourre. La jarre est un poil fort et long. La bourre est un poil plus court et plus fin. Chez les lapins à fourrure, comme le Castorrex, les jarres et les bourres sont courtes et de même longueur, donnant à la fourrure un aspect de velours.

Chez le lapin Angora, les poils peuvent atteindrent 10 cm de long. Ils ne sont pas lisses ; ils portent des crochets microscopiques qui sont, dans certains cas, responsables du feutrage de la fourrure, mais ils restent avantageux pour le tissage.

Le nom de Angora a été donné au lapin en raison de l'analogie que présentent ses poils avec ceux, longs et soyeux, des chèvres de la région d'Ankara (le nom de cette ville de Turquie est aussi Angora). Soit dit en passant, les poils de ces chèvres entrent dans la confection du Mohair.

Le poil Angora est apprécié pour sa douceur, sa chaleur et sa solidité. On l'associe à des fibres synthétiques pour faire toutes sortes de tissus de luxe.

Le lapin Angora est apparu dans le Bordelais au début du XIIIe siècle. On dit qu'il a été importé d'Angleterre où il était connu depuis longtemps. Actuellement, le lapin Angora français est un peu plus lourd que l'Angora anglais. Son élevage est en progression continue dans plusieurs régions.

Une lapine Angora produit entre 800 et 1 200 g de poil par an, un mâle, de 600 g à 1 000 g. Ces animaux vivent environ six ans mais à partir de quatre ans, la rentabilité diminue vite. Le cheptel doit donc comprendre un grand nombre de lapines en exploitation, et quelques reproducteurs, pour remplacer les bêtes réformées ou pour augmenter la production.

L'élevage

L'élevage des lapins Angora se fait en clapiers en amiante-ciment ou en bois, sur litière profonde et non sur grillage. Les cages individuelles, doivent être placées dans un bâtiment de préférence ; elles peuvent aussi être placées en plein air, mais il faut alors les protéger par un toit et les orienter de manière à les préserver de la pluie et du vent.

Les clapiers individuels doivent avoir les dimensions suivantes : 80 cm x 50 cm, pour une hauteur de 50 cm. Les cages de reproduction sont plus grandes : 110 cm de large, 80 cm de profondeur et 50 cm de hauteur.

En dehors de clapiers, qui peuvent être superposés sur 3 ou 4 étages, l'équipement doit comprendre des abreuvoirs automatiques et des trémies d'alimentation, comme pour l'élevage du lapin de chair. En outre, la litière doit être constituée de paille afin d'offrir un abri au lapin qui s'y réfugiera après l'épilation pour ne pas subir de refroidissement dangereux.

La litière doit être régulièrement entretenue : c'est la première condition pour produire un poil de qualité. Pour cela, il faut ajouter de la paille tous les deux jours environ (et près de 500 g par cage individuelle). La litière sera entièrement remplacée tous les mois ; on en profitera pour nettoyer le clapier. C'est donc un travail qui demande beaucoup

Les topinambours ls constituent une bonne nourriture. Mais faites-les cuire avant de les distribuer : écrasez-les et mélangez-les avec du son ou des moutures de grains. Vos lapins mangeront aussi les fanes, les capitules et les tiges de ces plantes qu'ils apprécient et qui leur fera du bien.

de temps, même s'il est facilité par un système d'évacuation des déjections.

Pour le reste, les soins exigés par un élevage de lapins Angora concernent les vaccinations, les saillies, les sevrages, etc., tout comme un élevage traditionnel.

Comme nous l'avons déjà indiqué, les lapins Angora femelles sont plus productifs que les mâles. D'une manière générale, seuls les sujets adultes produisent les poils. Un tel élevage aura donc pour but de conserver des femelles pour l'essentiel de la production, et quelques mâles pour la reproduction.

Les soins à apporter aux jeunes sont les mêmes que ceux qui ont été exposés pour les lapins de chair. Les petits sont sevrés à deux mois ; à ce moment, ils sont épilés une

■ *Voilà un jeune lapin Angora promis à un bel avenir de producteur de fourrure.*

première fois et placés par deux dans la même cage pendant quinze jours.

L'alimentation

La base de la nourriture est le bon foin associé à l'avoine. Si le foin est de la luzerne sèche, c'est encore mieux. La production recherchée est le poil : un organe formé de kératine, substance azotée. La nourriture doit donc être riche en protéines. Vous introduirez, de temps en temps, dans les rations, des feuilles de chou qui apporteront du soufre (corps qui entre dans la composition de la kératine). Vous ajouterez également de l'aliment complet en granulés dans les rations, en ayant toujours à l'esprit que l'engraissement

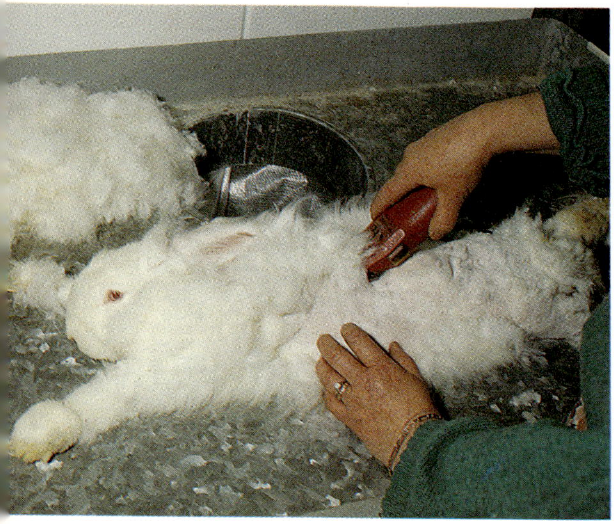

■ *Ci-contre : avant de tondre le lapin, l'éleveur doit lui immobiliser les pattes, sans le faire souffrir.*

n'est pas recherché. Il s'agit de maintenir les animaux en bonne condition.

Un râtelier soigneusement construit pour le foin et la nourriture verte et une trémie protègent le poil des souillures et préviennent la contamination des aliments.

L'épilation

L'épilation est à préférer à la tonte car elle donne un poil de meilleure qualité. Elle se fait selon un rythme qui permette aux poils de repousser entre deux épilations. De plus, si les clapiers sont en plein air, chaque épilation se fera en deux étapes, de manière à ne pas dénuder le lapin complètement pour lui laisser une protection suffisante : pour cela, on conservera les poils du dos, qui ne seront prélevés qu'une fois que ceux des parties du corps précédemment coupés auront commencé à repousser. Les jeunes sont épilés à 75 jours ; les autres épilations se feront tous les 100 jours environ.

Le matériel. L'épilation doit être effectuée à l'aide d'un matériel spécifique qui comprend les accessoires suivants.

■ *Page ci-contre : l'alimentation des lapins Angora obéit à des règles particulières, selon l'âge et même le sexe. Elle doit être riche en protéines pour favoriser la formation des poils.*

— Un petit couteau à lame dentelée ;
— une paire de ciseaux ;
— une planche à épiler de 110 cm de long et de 40 cm de large ou mieux, une table pivotante, avec des liens de contention en cuir ; la table doit être en outre recouverte de caoutchouc-mousse pour ne pas blesser le lapin pendant votre travail ;
— une règle, pour mesurer les poils ;
— une balance ;
— des récipients en matière plastique pour y mettre les différentes catégories de poils.

La technique. Placez le lapin à plat ventre sur la planche, attachez-le avec précaution. Partagez la fourrure par le milieu du dos. Brossez un côté en allant vers le bas.

Prenez une pincée de poils de 1 cm^2 environ, arrachez-la avec le couteau denté. Séparez une autre pincée un peu plus bas et ainsi de suite.

Répétez l'opération jusqu'à ce que le travail soit terminé. Épilez l'autre côté du dos de la même façon.

Retournez le lapin sur le dos après avoir épilé la tête pour agir de la même façon sur la face ventrale.

On peut classer dans des récipients différents les poils par longueur. Par exemple :
— première catégorie : 9 mm et au-dessus ;
— deuxième catégorie : 7 mm et au-dessus ;
— troisième catégorie : en-dessous de 7 mm.

Il vaut mieux investir dans des clapiers plus grands, et donc plus chers : votre travail en sera facilité et vous réaliserez, en fin de compte, davantage d'économies. En effet, plus la cage est grande, moins la litière est souillée, ce qui permet de diminuer la quantité de paille à renouveler ainsi que la fréquence de cette opération.

n° 241
n° 242
241

Annexes

Les produits du lapin

Tuer un animal que l'on a élevé et soigné est rarement un acte accompli de bon cœur. Souvent des amateurs préfèrent confier à d'autres le soin de sacrifier leurs animaux. Pourtant, le but d'un petit élevage est bien de consommer les produits qui en sont issus. Apprenez donc à bien saisir et à abattre vos lapins, sans les faire souffrir inutilement. Répétons-le, si vous sacrifiez un lapin, c'est pour le manger. Sa viande savoureuse est toujours appréciée. Très riche en protéines et pauvre en graisses, elle présente toutes les qualités.

L'abattage

Le coup de pouce. La meilleure méthode pour sacrifier un lapin est la dislocation de vertèbres cervicales. Tenez l'animal par les pattes de derrière avec la main gauche. Placez le pouce de la main droite sur la nuque, juste derrière les oreilles, les quatre autres doigts étendus sous le menton. Poussez sur la nuque, juste vers le bas, en tendant l'animal. Appuyez fort avec le pouce, ce qui redresse la tête du lapin dans un mouvement rapide et disloque la nuque. L'animal est inconscient et cesse de se débattre. Cette méthode est instantanée et ne fait pas souffrir.

Le coup du lapin. Une autre méthode consiste à prendre l'animal d'une main par les reins, avec la tête basse, et de l'assommer d'un coup violent sur la nuque. Suspendez ensuite la carcasse à un crochet inséré entre le tendon et l'os juste sous le jarret.

Coupez la tête immédiatement pour permettre une saignée totale. La viande aura une belle couleur. Cette méthode est expéditive. Si vous désirez garder la tête, la saignée est obtenue par section des carotides.

La découpe et la présentation. Faites une incision de la peau, d'un jarret à l'autre, par la face ventrale. Dépouillez les pattes d'abord, puis rabattez la peau vers le bas. Elle s'enlève comme un fourreau. Ouvrez la symphyse pubienne, détachez soigneusement le rectum avec le pourtour de l'anus et ses glandes. Ouvrez complètement la cavité ventrale et enlevez les entrailles en laissant en place le foie et les rognons.

En France, les carcasses sont vendues avec tête et pattes (manchons). Dans d'autres pays (comme en Allemagne), les lapins sont vendus sans tête ni pattes, parfois même complètement éviscérés : on enlève le cœur, les poumons et le foie.

Les hôtels, restaurants, hôpitaux préfèrent acheter les carcasses entières pour les découper à leur convenance. Les ménagères n'aiment pas faire ce travail. Une bonne présentation peut se faire dans une boîte en carton de 30 cm de long, 12 cm de large et 7 cm de profondeur. On arrange les morceaux d'une façon attractive en mettant dessous le foie, les rognons et le cœur. Le tout est couvert de cellophane.

Qualités d'une carcasse. La chair doit avoir une couleur rose clair. Le foie doit être entier et sans tache, les rognons presque couverts de graisse. La viande d'une bête grasse est beaucoup plus savoureuse que celle d'une bête maigre. Le râble doit être long et charnu, les cuisses courtes et bien développées.

On considère qu'un élevage est protégé lorsque 70 % des effectifs qui le composent sont vaccinés. Dans un élevage bien tenu, les reproducteurs sont vaccinés deux fois par an, une fois en avril, une autre en septembre. Les jeunes peuvent être vaccinés au dermojet. Ces vaccinations sont peu onéreuses.

La viande de lapin

Elle tient une place très importante dans l'alimentation. Autrefois, elle était surtout consommée par les producteurs. Presque tous les gens vivant à la campagne élevaient des lapins, le plus souvent dans des abris de fortune, nourris avec des épluchures et de l'herbe cueillie le long des routes. Le lapin a été longtemps considéré comme une nourriture de pauvre.

Sa chair avait mauvaise réputation. Au XVIIIe siècle Boileau parlait, décrivant un repas pris chez un notable aussi avaricieux que riche, de *"quatre lapins étiques sentant encore le chou dont ils furent nourris"*. Cette réputation a disparu et le lapin est aujourd'hui plus recherché que le poulet. Sa chair est des plus nourrissantes, en raison de sa teneur en

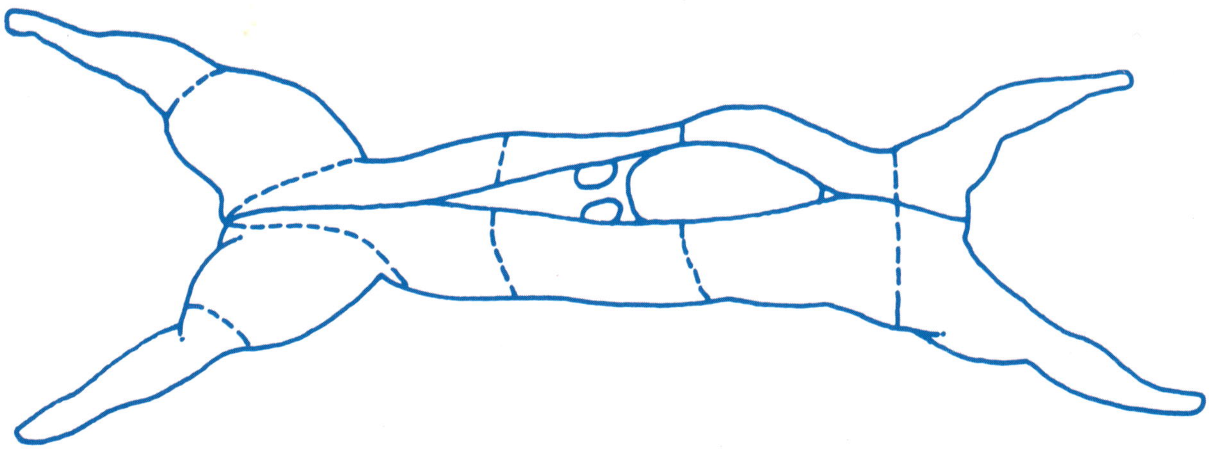

■ *Un beau lapin de chair se découpe en une douzaine de morceaux et se prête à de nombreuses recettes.*

protéines, et des plus digestes, grâce à sa faible teneur en graisses. Dans les familles, il est souvent devenu le plat du dimanche. Les qualités de la chair, de même que la forme des carcasses, ont été améliorées par la sélection. Par ailleurs, il est impossible d'ajouter des hormones aux aliments du lapin, on n'obtient jamais de viandes molles et sans saveur, comme c'est le cas avec d'autres animaux domestiques.

■ *Le Fauve de Bourgogne est une des gloires de l'élevage familial : il est beau et bon, tout à la fois.*

A notre époque où l'on prend conscience des bienfaits de la diététique, la viande de lapin est reconnue comme une nourriture saine offrant toutes les garanties nutritionnelles et nutritives (il faut en outre savoir que les maladies du lapin, coccidiose et myxomatose, ne sont pas transmissibles à l'homme).

Certaines races produisent une viande particulièrement succulente : Fauve de Bourgogne, Californien, Russe, Néo-Zélandais (celle du Géant des Flandres est un peu moins bonne). Il existe de nombreuses manières d'accommoder la chair du lapin, quel que soit l'âge de l'animal, depuis la gibelotte, chère au commissaire Maigret, jusqu'aux terrines savamment élaborées par certains chefs de restaurants en Périgord.

La production de chair

C'est la première destination de l'élevage de lapins, à côté de la production de poils (Rex et Angora). Traditionnellement, elle était tournée vers la satisfaction de besoins familiaux et locaux : dans un petit élevage, les lapins peuvent être nourris avec les résidus du potager et avec les produits de la cueillette. C'est alors une activité complémentaire peu coûteuse et qui demande une installation peu sophistiquée.

Aujourd'hui, la production de viande de lapin connaît un réel essor, ce qui a donné naissance à des élevages spécialisés et intensifs. Ces derniers en représentent une part de plus en plus grande.

En France, la chair de lapin représente aujourd'hui en volume 150 000 tonnes, dont près du tiers provient encore de petits élevages destinés à la consommation familiale. C'est dire l'importance qu'a gardé ce type d'économie.

Le particulier qui voudra se lancer plus avant dans une production de rapport de grandes dimensions doit connaître les contraintes d'un tel marché et les débouchés possibles. Par ailleurs, il doit savoir qu'une telle activité demande des investissements importants (achats des équipements : clapiers, abreuvoirs, mangeoires, etc.), construction et installation des bâtiments d'accueil (isolation, ventilation, éclairage, etc.).

Les petits élevages pourront trouver des débouchés locaux : abattoirs, cantines, bouchers, hôtels, etc. Les entreprises plus importantes sont, quant à elles, généralement adhérentes à un groupement de producteurs afin de s'épargner les aléas de la vie économique...

Le fumier

Le fumier de lapin a une valeur fertilisante plus grande que celle du fumier de bœuf ou de porc.

Dans l'est de la France, les grands élevages de lapins étendent les crottes sur la terre en couche de 40 cm d'épaisseur environ. Des arrosages réguliers y entretiennent une humidité constante et on peut ainsi y élever des lombrics revendus aux marchands d'articles de pêches.

Aux États-Unis, on installe directement des châssis en bois de 30 cm de profondeur sous les cages afin d'y récupérer le fumier sans trop de manutention. Les crottes et les urines y tombent directement. Pour assurer le développement des vers, on arrose le fumier régulièrement. Il est nécessaire de le remuer tous les cinq ou six mois. Le résultat de l'opération est un terreau de grande valeur pour la culture des fleurs et du gazon.

Le tannage des peaux

En plus de sa chair, base de nombreux et savoureux plats, le lapin vous offre sa peau. Le tannage n'est pas très difficile à effectuer, mais il exige patience et minutie. Certes la mode a évolué, les peaux de lapins ne sont plus aussi demandées qu'autrefois. Mais vous pouvez, pour et par vous-même, les tanner. Ne choisissez que celles qui en valent la peine : le cuir doit être sans tache, signe que la mue est terminée. Si vous prenez des peaux au cuir taché, en peu de temps, vous verrez les poils tomber à l'endroit des taches.

Le but du tannage est d'obtenir des peaux souples, résistantes (avec un poil solidement fixé) et imputrescibles. La peau se compose du derme et de l'épiderme. Le derme est une couche de tissu vivant ; il produit vers l'extérieur des épaisseurs de cellules qui durcissent et meurent en surface. Il contient et nourrit la racine des poils. Il est formé de fibres très serrées qui donnent à la peau sa résistance. Entre la peau et les masses musculaires du corps on trouve un tissu de fibres lâches, dites conjonctives, qui sont reliées, d'une part au derme, d'autre part aux muscles qui se trouvent en-dessous.

Selon l'état de santé de la bête, ce tissu contient plus ou moins de particules graisseuses (chez le porc, il constitue le lard).

La partie qui nous intéresse est l'ensemble constitué du derme et de l'épiderme. Le reste, gras et facilement putrescible, doit être éliminé. Votre premier travail est d'isoler aussi complètement que possible l'ensemble derme et épiderme. Les peaux destinées au tannage, ou bien sont fraîches ou bien ont été séchées à l'ombre dans un courant d'air. Dans le second cas, il suffit de les laisser tremper dans de l'eau pendant une journée.

Si vous désirez conserver les peaux de vos lapins, il faut y penser avant même d'abattre les animaux. Dès que le lapin a été saigné, suspendez-le par les pattes arrière à l'aide d'une ficelle, accrochée à un clou fixé dans le mur.

Le dépouillement

Faites une incision autour des pattes postérieures, sous la ficelle. Puis, détachez la peau des membres. Effectuez une seconde incision horizontale de la patte gauche à la patte droite ; passez au ras de la queue.

Séparez doucement la peau du corps en la faisant retomber tout autour. Puis, prenez-la de chaque côté avec les mains et tirez vers le bas, c'est-à-dire vers la tête.

Le dépouillement est facile, mais attention au décharnage. Vous devez détacher avec un couteau bien effilé les muscles peauciers et le tissu qui les relie au derme. Décollez cet ensemble avec l'ongle du pouce d'une main en tenant la fourrure de l'autre main, à peu près comme vous pelez une orange.

Quand vous aurez décollé la peau presque entièrement en arrivant aux pattes antérieures, vous détacherez aisément la peau avec les doigts. Enfin, coupez le tout.

■ *Les marchands de peaux de lapins ont disparu de nos rues ; une technique se perd, celle du tannage.*

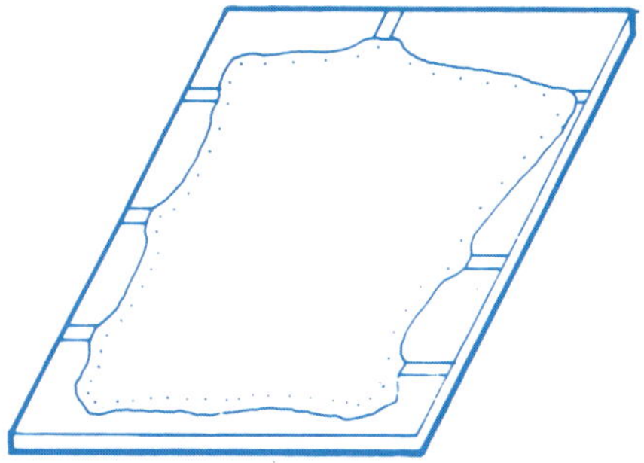

Ci-dessus : séchage d'une peau sur une planche. Des baguettes demi-rondes l'empêchent d'adhérer.

Ci-dessous : lame utilisée pour l'assouplissement des peaux.

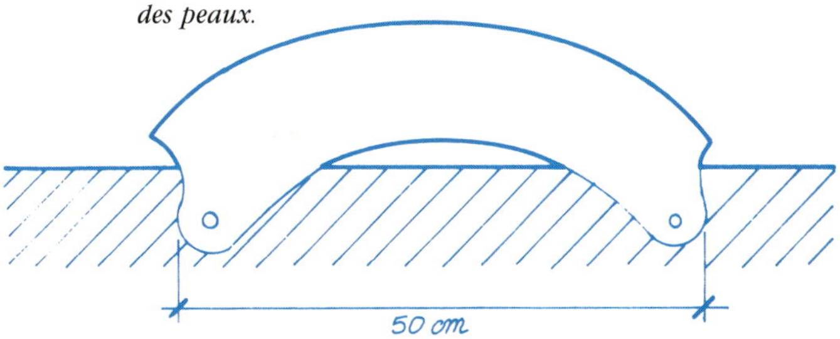

Le séchage

La peau est maintenant prête à être tannée. Elle se présente sous la forme d'un fourreau, les poils étant à l'intérieur. L'idéal est de la tanner immédiatement. Mais si cela vous est impossible vous devez la faire sécher.

Pour cela, tendez-la au moyen d'une baguette flexible (noisetier) que vous introduisez dans la peau en la pliant en U. La peau doit être bien tendue. Aussi, tendez à ses deux extrémités une autre baguette, rigide celle-la, et placez-la entre les deux barres du U.

***D**ans tous les élevages on doit trouver une armoire, fermant à clef, contenant :*
— seringues et aiguilles pour les vaccinations,
— produits anticoccidiens,
— pommades ou huiles pour le traitement des gales,
— pommades et vaporisateurs contre les maux de pattes,
— vermifuges contre les strongles et les ascaris.

Suspendez alors la peau par le haut à un clou pour la faire sécher.

Quand elle sèche, incisez-la du bas-ventre à la tête de façon à obtenir un rectangle.

Le bain

Le tannage doit se faire sur des peaux d'hiver, provenant de lapins abattus entre décembre et mars. A ce moment-là, le poil est long, brillant et souple. Vous pouvez tanner à l'alun ou à l'huile.

L'alun est le produit le plus souvent utilisé pour le tannage des peaux de lapins. Vous en trouverez chez votre droguiste. Le tannage a pour but de rendre la peau imputrescible et de fixer solidement les poils.

Préparez un bain astringent (qui resserre les fibres) et antiseptique. La formule la plus courante est la suivante : comptez, par litre d'eau, 25 g d'alun, 30 g de sulfate d'alumine, 40 g de gros sel.

Le récipient ne doit jamais être métallique, car le fer rouille sous l'action des sels du bain. Utilisez de préférence des baquets en bois ou en plastique.

Les peaux complètement immergées doivent rester dans la solution au moins trois jours. Malaxez-les quelques minutes chaque jour. Au sortir du bain, rincez-les à l'eau claire pour enlever toute trace de sel. Essorez-les et étirez-les surtout dans le sens de la largeur.

L'assouplissement

Il faut une nouvelle fois sécher la peau quand vous la sortez du baquet. Pour ce faire posez-la, côté chair, sur une planche et fixez-la (avec des clous de laiton, ils évitent la rouille) dans les parties inutilisables de la peau.

Mais pour qu'il y ait séchage, il faut que l'air circule. Aussi, avant de clouer la peau, vous aurez pris soin de fixer contre la planche trois ou quatre baguettes demi-rondes. Ainsi l'air circulera entre la planche et la peau. Placez la planche à l'ombre durant la période de séchage, qui est variable.

Lorsque la peau est presque sèche, il faut l'assouplir. C'est l'opération la plus délicate. Elle se fait à l'aide d'une lame tranchante fixée sur établi ou sur un support très résistant (schéma page 119).

Par un mouvement de va-et-vient, frottez l'envers de la fourrure (côté chair) tantôt dans un sens, tantôt dans l'autre, sur le tranchant de la lame. Cela a pour effet de détacher des particules de peau en très petites boulettes. Reprenez le travail plusieurs fois sur plusieurs jours de suite, jusqu'à ce que le côté chair soit parfaitement blanc et souple.

Lustrez ensuite la fourrure : frottez bien à plat dans le sens du poil avec un chiffon de soie ou de laine. Enfin, humectez la peau avec une solution d'huile végétale à 5 % et d'essence. Laissez sécher. Le tannage est terminé. Vous pouvez aussi tanner vos peaux avec de l'huile. Quand vous les avez décharnées, imbibez-les d'une émulsion d'huile blanche, assouplissez-les à plusieurs reprises, imbibez-les à nouveau, assouplissez-les encore ; enfin, faites-les sécher définitivement.

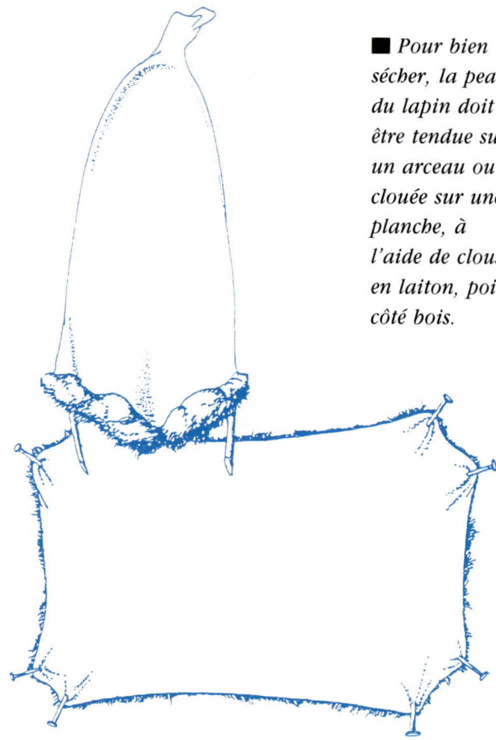

■ *Pour bien sécher, la peau du lapin doit être tendue sur un arceau ou clouée sur une planche, à l'aide de clous en laiton, poils côté bois.*

■ *Page ci-contre : le Bleu de Vienne est particulièrement apprécié pour sa fourrure.*

La conservation

Si vous n'utilisez pas les peaux aussitôt le tannage achevé, il faut les conserver dans de bonnes conditions. Placez-les avec du paradichloro-benzène dans un placard à l'abri de la lumière. Tous les quinze jours vous devrez les battre (bien à plat) avec une baguette fine et flexible pour chasser d'éventuels indésirables : mites, petits vers, œufs, etc. qui menacent leur existence.

ADRESSES UTILES

Les associations, dont on trouvera les adresses ci-dessous, éditent régulièrement des publications. Les petits éleveurs et les débutants s'y reporteront utilement.

AFAC Association fédérale française d'aviculture, de colombiculture et de cuniculture, BP 312, 47008 Agen

AFC Association française de cuniculture, BP 50, 63370 Lempdes

FFC Fédération française de cuniculture, 13, rue de la Moselle, 57100 Manom

SCAF Société centrale d'aviculture de France, 34, rue de Lille, 75007 Paris

Index

Crédits photos et dessins

Couverture : Christian Hochet/Rustica
Toutes les photos sont de **Christian Hochet/Rustica,** sauf :
Cogis : p. 70 ; **Gissey/Cogis :** p. 74 ; **Jacana :** p. 78 ; **J.-M. Labat/Cogis :** p. 60 ; **Lanceau/Cogis :** pp. 67, 72, 103 ; **Lepage/Cogis :** pp. 97, 99b ; **B. Rebouleau :** pp. 10, 64, 65, 69, 77, 79h, 82, 84, 86, 87, 88, 89, 91, 96, 99h, 101, 102, 105.
Dessins : J. Chodakowsky.

Maquette : Paul-Raymond Cohen.
Photocomposition et photogravure : ID, Paris.

Reliure : SIRC
Imprimé en France par
IME - 25110 Baume-les-Dames
Dépôt légal : Février 1992
N° imprimeur : 8217